Barbara Berckhan, geb. 1957, ist Diplom-Pädagogin und arbeitet freiberuflich als Kommunikationstrainerin in Hamburg. Sie ist Autorin erfolgreicher Sachbücher mit einer Gesamtauflage von über 300 000 Exemplaren. Bei Heyne erschien:
Die etwas intelligentere Art, sich gegen dumme Sprüche zu wehren. Selbstverteidigung mit Worten.

Carola Krause, geb. 1960, ist Diplom-Pädagogin und arbeitet freiberuflich als Psychotherapeutin, Kommunikationstrainerin und Ausbilderin für Focusing.

Ulrike Röder, geb. 1958, ist Diplom-Pädagogin und Ausbilderin für Focusing. Sie arbeitet in der Personalentwicklung einer Marketingagentur und bietet freiberuflich Einzelberatung und Coaching für Frauen an.

Barbara Berckhan

Die erfolgreichere Art (auch Männer) zu überzeugen

Frauen überwinden ihre Redeangst

WILHELM HEYNE VERLAG
MÜNCHEN

HEYNE RATGEBER
08/5390

Umwelthinweis:
Dieses Buch wurde auf chlor- und
säurefreiem Papier gedruckt.

Taschenbucherstausgabe 7/2002
Copyright © 1999 by Kösel-Verlag GmbH & Co., München
Wilhelm Heyne Verlag GmbH & Co. KG, München
http://www.heyne.de
Printed in Germany 2002
Umschlaggestaltung: Eisele Grafik-Design, München,
nach einer Idee von Kaselow-Design, München
Satz: Schaber Satz- und Datentechnik, Wels
Druck und Bindung: Ebner & Spiegel, Ulm

ISBN 3-453-21491-9

Inhalt

Einleitung 9

**Redeangst:
Eine Angst mit vielen Gesichtern** 11
Wie macht sich Redeangst bemerkbar? 15

**Redeangst verstehen:
Ursachen und Auswirkungen** 18

Innere Vorschriften 19
Wie wir wegschieben, was nicht sein darf 20
Die Auswirkungen der inneren Vorschriften 22
Eine innere Vorschrift jagt die andere 25
Redeknoten 28
Gelassenheit kommt von zulassen 30

Im Zentrum der Angst 33
Im Mittelpunkt stehen 33
»Hilfe, ich werde rot!« 37
Etwas Dummes oder Falsches sagen 39
Das »Äh« in der Rede 43
Stecken bleiben und den Faden verlieren 44
Zwischenrufe und Angriffe aus dem Publikum 47

Redeangst von Frauen: Angst mit System 50
Das alte »Frauenkorsett« 50
Die innere Überzeugung, minderwertig zu sein 54

Der Perfektionismus 57
Der Drang nach äußerer Bestätigung oder:
Die Angst vor Liebesverlust 58
Die »Leichen im Keller« 60
Wie innere Vorschriften die Angst anheizen:
Der Angstkreislauf 62

Gelassenheit entwickeln:
Lösungen und Übungen 66

Der Angst aus dem Weg gehen 69

Vermeidung Angst auslösender Situationen 71
Vermeidung der inneren Wahrnehmung
von Angst 71

Auf dem Weg zu mehr Gelassenheit:
Der Angst begegnen 74

Was Redeangst auslöst: Die Angstkulisse 75
Der innere Kommentar: Gedanken, die
Rednerinnen unter Druck setzen 77
Focusing: Der Stimme des Körpers folgen 82
Das unterstützende innere Klima – und wie Sie
es herstellen können 93
Der Angst ins Gesicht schauen oder:
Wie Vorschriften sich auflösen 104

Selbstsicher überzeugen:
Hilfen, Tipps und Techniken 119

Von Anfang an 120

Die Vorbereitung der Rede 121
Den Raum einnehmen 129

Machen Sie es sich bequem 130
Die Signale des Körpers begrüßen 133

Die Kunst der Rede 134

Die Botschaften der Körpersprache 134
Aufmerksamkeit erzeugen 139
Den eigenen Sprechstil entfalten 145
Die positive Selbstdarstellung 148
Der Mut zur eigenen Meinung 152

Jede Menge Überzeugungskraft 156

Wie Sie plausibel und zielgerichtet
argumentieren 160
Mit Gegenargumenten und Einwänden
geschickt fertig werden 163
So behalten Sie den roten Faden in der Hand 167

Schlussbemerkungen 172

Literatur 174

Einleitung

Direkt unter Ihrer Angst liegt Ihre Überzeugungskraft. Sie ist dort eingesperrt. Solange Lampenfieber und Redeangst Sie gefangen halten, kann sich Ihre Persönlichkeit nicht entfalten. Wenn aber die Angst abnimmt, kommt Ihre Überzeugungskraft wieder zum Vorschein. Sie brauchen sich nicht länger durch Redeangst oder Lampenfieber einengen zu lassen. Dieses Buch zeigt Ihnen sehr fundierte und erprobte Methoden, mit denen Sie Ihre Ängste abbauen können. Wir zeigen Ihnen Techniken, die bis an die Ursache gehen und dort eine Veränderung herbeiführen. Sie lernen dabei Ihr Lampenfieber oder Ihre Redehemmungen genauer erkennen und erfahren viel darüber, wodurch sie verstärkt oder abgemildert werden können. Angst lässt sich schrittweise abbauen. Und genauso schrittweise können Sie Ihre rhetorischen Fähigkeiten aufbauen. Wir geben Ihnen in diesem Buch zahlreiche Tipps und Methoden an die Hand, mit denen Sie Ihren eigenen Sprechstil entfalten können.

Dieses Buch ist dabei sehr sorgfältig aufgebaut: Zuerst geht es darum, dass Sie Ihre Angst oder Ihre Hemmungen verstehen und genauer kennen lernen. Anschließend erfahren Sie ganz konkret, wie Sie die Redeangst abbauen können. Wenn Sie freier und ungezwungener vor anderen Menschen sprechen können, wird Ihr Sprechstil wichtiger werden. Wer lange unter Angst und Hemmungen gelitten hat, ist vielen Anlässen zum Reden aus dem Weg gegangen. Und so hatten Sie möglicherweise im Laufe der Zeit einfach wenig Gelegenheiten zum Üben. Ängstlichen Menschen fehlt es oft an Erfahrung, sie sind im Übungsrückstand.

Aber Sie brauchen eine rhetorische Stärke, damit das, was Sie sagen, auch bei anderen Menschen richtig ankommt. Diese rhetorischen Fähigkeiten können Sie sich leicht mithilfe unserer Tipps und Techniken aneignen. Und am Schluss des Buches zeigen wir Ihnen, wie Sie überzeugende Argumente entwickeln können. Aber am Anfang steht der Ausbruch aus dem Käfig der Angst. Wenn Sie dieses Gefängnis hinter sich gelassen haben, ist es leicht, andere Menschen für das zu gewinnen, was Sie wollen.

Redeangst:
Eine Angst mit vielen Gesichtern

Redeangst ist die Angst davor, öffentlich zu reden, das heißt, sich vor anderen zu Wort zu melden, eine Frage zu stellen oder eine Rede zu halten. Situationen, in denen öffentlich geredet wird, gibt es zahlreiche:

- im privaten Kreis, bei Familienfeiern und in Diskussionen unter Freundinnen
- auf Versammlungen, Vereinstreffen, in Bürgerinitiativen oder auf Elternabenden
- in beruflichen Situationen, auf Konferenzen oder Mitarbeiterbesprechungen
- in der Schule oder im Studium
- öffentliche Auftritte im Fernsehen, in Vortragssälen oder auf der Bühne

Redeangst, die auch als Sprechangst, Publikumsangst, Redehemmung oder Lampenfieber bezeichnet wird, gehört mit zu den verbreitetsten Ängsten. Viele Menschen kennen das Gefühl, nervös zu sein, wenn sie öffentlich sprechen sollen. In den USA antworteten 40,6 % der Befragten in einer repräsentativen Untersuchung, dass sie sich davor fürchten, vor einer Gruppe zu reden. Aus unseren Seminaren wissen wir, dass Redeangst verschiedene Ausprägungen haben kann, vom leichten Nervössein, über starke Aufregung bis hin zu einer regelrechten Panik. Das ist sowohl von Person zu Person unterschiedlich als auch von den Situationen abhängig, in denen geredet werden soll. Für die meisten gilt: Je bedeutsamer der Redeanlass ist, je mehr also von der Bewertung des Redebeitrags abhängt – wie dies beispielsweise in Prüfungen der Fall ist –, desto größer ist die Angst. Einen weiteren Einfluss auf das Ausmaß der Angst hat die Größe des Publikums: Vielen macht es weniger Angst, vor einer Hand voll Menschen zu sprechen als vor einer Menge von tausend ZuhörerInnen. Ebenfalls spielt das Verhältnis zum Publikum eine Rolle: je familiärer, informeller und vertrauter die Personen sind, desto weniger ängstigend ist häufig die Situation. Hingegen ist es für die meisten schwieriger, vor Fremden, Vorgesetzten, Autoritäten oder Menschen, von deren Bewertung man abhängig ist, zu sprechen. Sehr unterschiedlich wird das Ausmaß der Angst beschrieben, wenn man den Redeinhalt genauer betrachtet. Einige berichten davon, dass es ihnen leicht fällt, persönliche Dinge von sich zu erzählen, dass sie aber ins Schleudern geraten, wenn es sich um fachliche Beiträge handelt, die sozusagen »Hand und Fuß« haben müssen. Andere fühlen sich gerade in solchen Fachvorträgen auf sicherem Boden – »Da weiß ich, wovon ich rede« –, haben aber große Angst, etwas Persönliches, Emotionales zu berichten.

Wie auch immer die Redesituation aussieht, es gibt einen gemeinsamen Nenner: Redeangst ist eine Form von sozialer Angst, das heißt die Angst vor anderen Menschen. Hinter der Bezeichnung »Redeangst« stecken bei genauerer Betrachtung eine Reihe von möglichen Ängsten, die sich alle als soziale Ängste bezeichnen lassen:

Angst vor Ablehnung
Angst vor Kritik
Angst vor Versagen
Angst vor Erfolg
Angst vorm Alleinsein
Angst vor Nähe
Angst, im Mittelpunkt zu stehen

Angst, Fehler zu machen
Angst vor Autoritäten usw.

Allen diesen Ängsten gemeinsam ist die Angst, von anderen bewertet zu werden. So gehört es zu den »Horrorvorstellungen« der meisten redeängstlichen Personen, vor einem Publikum »das Gesicht zu verlieren«, ausgepfiffen, ausgelacht oder kritisiert zu werden. Die meisten Personen, die von sich sagen, dass sie Redeangst haben, kennen das Gefühl, sich selbst ständig zu bewerten und nach Bewertungen anderer Ausschau zu halten. In der Fachsprache wird dies als »erhöhte öffentliche Selbstaufmerksamkeit« bezeichnet, das heißt, dass eine Person im Kontakt mit anderen besonderen Wert darauf legt, was die anderen von ihr halten. Das führt dazu, dass diese Person mit einem hohen Maß ihrer Aufmerksamkeit dabei ist, sich selbst zu beobachten. Sie fragt sich zum Beispiel: »Wie sehe ich bloß aus?« oder »Finden die das jetzt blöd, was ich sage?« oder »Warum grinst der da hinten so? Meint der wohl mich?« Solche Menschen fühlen sich laufend Bewertungen ausgesetzt und haben für ihre Umwelt hochsensible »Antennen« ausgebildet, um die Reaktion der anderen in ein inneres Raster ein-

Nutzen Sie Ihre »Antennen« für sich selber.

zufügen: »Komme ich an, oder komme ich nicht an? Bin ich jetzt gut? Bin ich durchgefallen?« usw. Dass diese »erhöhte öffentliche Selbstaufmerksamkeit« einen negativen Einfluss auf das Redeverhalten hat, liegt auf der Hand. Sprechen an sich ist schon ein höchst komplizierter Vorgang: Wir denken, suchen die richtigen Worte, um das Gedachte auszudrücken, sprechen sie aus und denken gleichzeitig weiter, um den logischen Anschluss zu finden, holen zwischendurch Luft, fügen spontane Einfälle hinzu oder beziehen Fragen aus dem Publikum mit ein usw. Wenn wir gleichzeitig noch dabei sind, uns von außen zu betrachten, unseren eigenen Sätzen zuzuhören und uns durch die Augen des Publikums zu bewerten, kann es sein, dass wir tatsächlich eher aus dem Konzept kommen, den Faden verlieren oder anfangen zu stottern. So provoziert die Angst, sich beim Reden möglicherweise falsch zu verhalten, häufig genau das Gefürchtete.

Was ist nun für viele Menschen das eigentlich Bedrohliche in Redesituationen? Zum einen sind es negative Konsequenzen, die misslungene Redebeiträge nach sich ziehen können, wie zum Beispiel eine verpatzte Prüfung oder ein schief gelaufenes Bewerbungsgespräch. Doch die meisten Redeanlässe beinhalten keine lebensverändernden oder gar lebensbedrohlichen Gefahren. Trotzdem empfinden viele Menschen Angst. Das Ängstigende ist die Möglichkeit, dass die eignen Schwächen und Unzulänglichkeiten ans Tageslicht kommen oder die anderen uns für das, wie wir sind, ablehnen könnten. Das, was bedroht ist, ist das eigene Selbstwertgefühl, das durch die Bewertung anderer ins Wanken geraten könnte.

Haben nur Frauen diese Angst vorm öffentlichen Sprechen? Nein. Diese Angst ist geschlechtsübergreifend, auch Männer haben Redeangst. Und doch haben wir dieses Buch nicht ohne Grund für Frauen geschrieben:

Redeangst von Frauen ist besonders »hartnäckig«, sie scheint »normaler« für Frauen zu sein, denn sie passt so gut zur traditionellen Frauenrolle. »Die Öffentlichkeit« ist ein traditionell männlicher Bereich, den Frauen sind die Privatheit, das Heim und die Familie zugeordnet; Frauen hören zu und verstehen, Männer halten Reden. Dieses klassische Bild bringt eine besondere Verschärfung für Frauen mit sich, die öffentlich reden wollen. Sie trauen sich durchschnittlich weniger zu und bekommen ebenfalls durchschnittlich weniger Aufmerksamkeit, werden häufiger unterbrochen und nehmen

Redeangst passt in die traditionelle Frauenrolle.

sich schneller zurück. Frauen gestehen sich ihre Ängste im Allgemeinen mehr ein, denn Angst haben entspricht der sozialen Erwartung an Frauen. Es gibt eine Reihe von Männern, die zwar ängstliches Redeverhalten zeigen, aber sich und anderen nicht zugestehen könnten, dass sie Angst empfinden. Wie gut Redeangst zum Frausein zu passen scheint, beschreiben wir noch ausführlich in einem späteren Kapitel. Wir werden ebenfalls auf die »verschärften Bedingungen« eingehen, mit denen Frauen im Gegensatz zu Männern in Redesituationen konfrontiert werden. So ist es uns mit diesem Buch ein Anliegen, besonders Frauen darin zu unterstützen, ihre Ängste zu verstehen und abzubauen.

Wie macht sich Redeangst bemerkbar?

Redeangst kann ganz unterschiedlich fühlbar oder sichtbar werden. Aus der Erfahrung unserer Seminare wissen wir, wie verschieden Frauen ihre Angst erleben. Einige sind schon Tage vor einer anstehenden Rede aufgeregt und haben schlaflose Nächte, andere wirken bei Redebeiträgen völlig cool und gelassen, haben im Nachhinein aber das Gefühl, wie in Narkose gesprochen zu haben und sich an nichts mehr zu erinnern, wieder andere sind geübte Rednerinnen, die nach einem Vortrag wie Espenlaub zittern und kein gutes Haar an sich lassen. Viele sind so aufgeregt, dass sie es vorziehen, besser gar nichts mehr zu sagen.

Redeangst wirkt sich sowohl auf den Körper als auch auf das Denken und Verhalten aus. Diese drei Ebenen wollen wir Ihnen nun etwas näher beschreiben. Wahrscheinlich werden Sie sich mit Ihrem Angsterleben mitunter wieder erkennen.

Die Auswirkungen auf den Körper

Angst ist meist mit einer deutlichen Körperreaktion verbunden: Nimmt eine Person eine Situation als gefährlich oder bedrohlich wahr, wird über das Zwischenhirn und den Sympathikusnerv diese Information an die Nebennieren weitergegeben, die blitzschnell zwei Stresshormone, Adrenalin und Noradrenalin, ausschütten. Diese gelangen über die Blutbahn in den gesamten Organismus und dienen dazu, den Körper auf eine Überlebensreaktion einzustellen: In lebensbedrohlichen Situationen sind das die ursprünglichen Möglichkeiten, anzugreifen oder zu flüchten. Der Körper ist auf Höchstleistungen ausgerichtet, das Denken wird vorübergehend blockiert, denn langes Überlegen wäre in Gefahrensituationen hinderlich. Dafür werden die Herztätigkeit und der Stoffwechsel erhöht, der ganze Körper ist bereit, der Gefahr zu begegnen. Diese durch Hormone ausgelösten körperlichen Veränderungen bewirken all die unangenehmen Empfindungen, die in Redesituationen so hinderlich sein können: Das Herz schlägt schneller, die Finger werden feucht, die Knie fangen an zu zittern, das Gesicht wird blass oder rot, oder es entsteht die eben beschriebene Denkblockade, es herrscht Leere im Kopf, der so genannte »Blackout«.

Die Auswirkungen auf die Gedanken

Angst blockiert das kreative Denken, der Blackout ist das Extrembeispiel. Aber auch schon bei der Redevorbereitung kann es dazu kommen, dass uns nichts mehr einfällt, es schwer ist, sich zu konzentrieren oder etwas zu behalten. Häufig drehen sich die Gedanken im Kreis, und zwar meistens eher um die befürchtete Situation als um den Redeinhalt, zum Beispiel: »Hoffentlich geht nichts schief«, »Es wäre schlimm, wenn …«, »Ich darf um Gottes willen nicht …« Genau diese Gedanken sind es nun aber, die die

Angstgefühle noch mehr verstärken – darauf gehen wir später ausführlich ein.

Die Auswirkungen auf das Verhalten

Angst lässt sich auch am Verhalten erkennen. Häufig wirkt es fahrig, hektisch und angespannt, es kommt zu unpassenden oder übertriebenen Gesten oder die Person wirkt steif und »eingefroren«, krallt sich am Tisch oder am Manuskript fest, steht unruhig oder wippt mit dem Fuß. Das Sprechtempo ist ungewöhnlich schnell oder langatmig, es fehlen Atem- oder Sprechpausen, die Sätze werden konfus oder der Faden reißt – diese Liste können Sie aus eigener Erfahrung wahrscheinlich ergänzen.

An dieser Aufzählung wird deutlich, wie stark die Angstsymptome das Sprechen beeinträchtigen können, und wie leicht es da zur »Angst vor der Angst« kommen kann. Dann sind es die Angstsymptome, die selber wieder Angst machen (»Bloß keine Angst haben, sonst komme ich durcheinander!«), und viele ziehen es vor, um diese Angst nicht zu spüren, Redesituationen lieber zu umgehen, sich zu drücken. Doch dieses Vermeidungsverhalten führt zur Verfestigung der Angst, nicht zu deren Lösung (dazu später mehr, vgl. Kapitel 3). Gleichzeitig engt sich der eigene Lebensspielraum durch Vermeidung ein und wir beschneiden uns eigener Entwicklungs- und Übungsmöglichkeiten.

Häufig ist es die Angst vor der Angst.

Redeangst verstehen: Ursachen und Auswirkungen

Nachdem wir umrissen haben, was Redeangst ist und mit welchen Anzeichen sie auftritt, geht es jetzt um die Ursachen der Angst. Die Angst, vor einem Publikum zu sprechen, aber auch andere Ängste entstehen zuallererst in unserem Kopf, durch unsere Gedanken. Genauer gesagt: Angst entsteht durch Gedanken, mit denen wir uns selbst etwas befehlen. Wir befehlen uns innerlich, in einer bestimmten Art und Weise sein zu müssen oder dass etwas Bestimmtes nicht passieren darf. Solche Gedanken, mit denen wir uns innerlich etwas befehlen, lauten ungefähr so: »O Gott! Ich darf jetzt nicht rot werden!« oder: »Ich muss aufpassen, dass ich beim Reden nicht den Faden verliere!«

Angst entsteht fast immer durch Gedanken, mit denen wir uns selbst etwas befehlen.

Diese an sich selbst gerichteten Befehle werden auch Imperative genannt. Es sind Gedanken, durch die wir uns selbst Vorschriften machen. Sie sind die zentrale Ursache der Redeangst. Solche inneren Vorschriften können aber auch andere heftige Gefühle verursachen, wie zum Beispiel Wut, Verzweiflung oder depressive Verstimmungen. Wir beschränken uns hier auf den Zusammenhang zwischen diesen Befehlen und Redeangst. Für das Wort Imperativ benutzen wir auch Begriffe wie »innere Vorschriften« oder »Befehle an sich selbst«. Wir zeigen Ihnen in diesem Buch, wie Sie Ihre inneren Vorschriften erkennen und auflösen können. Dafür ist es wichtig, zunächst den Hintergrund zu erklären, damit deutlicher wird, warum wir uns selbst etwas befehlen und wie durch diese Selbst-Befehle Redeangst und Lampenfieber entstehen.

Innere Vorschriften

Wenn Sie an eine bevorstehende Redesituation denken und Sie haben dabei Gedanken wie »Ich darf mich nicht blamieren!«, »Ich muss überzeugend wirken!«, »Ich sollte nur reden, wenn ich auch hundertprozentig über eine Sache Bescheid weiß!«, machen Sie sich selbst Vorschriften. Alle diese Sätze, gleichgültig, ob sie nun innerlich nur gedacht oder auch laut ausgesprochen wurden, kennzeichnen diese Befehle an sich selbst. Sie erkennen Ihre eigenen Vorschriften am deutlichsten an den Worten, die einen Zwang ausdrücken, wie zum Beispiel:

»Ich muss …!«
»Ich sollte …!«
»Ich darf nicht …!«
»Die anderen müssen … und dürfen nicht …!«

(Wir stellen Ihnen im dritten Kapitel »Auf dem Weg zu mehr Gelassenheit: Der Angst begegnen« noch weitere sprachliche Erkennungsmerkmale für innere Vorschriften vor.)

Auch wenn sich die Vorschrift darauf bezieht, wie sich andere verhalten sollen oder was andere nicht tun dürfen, handelt es sich um einen Befehl an sich selbst. Wenn ich mir vorschreibe: »Das Publikum muss mich sympathisch finden!« oder »Die Zuhörer dürfen mich nicht ablehnen!«, dann versuche ich nicht ernsthaft, dem Publikum zu befehlen, dass es mich sympathisch finden muss. Vielmehr versuche ich mit diesen Vorschriften, die Möglichkeit, vom

Publikum abgelehnt zu werden, aus meiner persönlichen Wirklichkeit zu verbannen. Es darf nicht sein, dass es dazu kommt, dass das Publikum mich ablehnt! Falls es das doch tut, wäre es schrecklich für mich und deshalb darf das auf keinen Fall passieren.

Wie wir wegschieben, was nicht sein darf

Ein Befehl an sich selbst stellt den Versuch dar, das wegzuschieben und zu ignorieren, was schrecklich oder schlimm für die betreffende Person wäre. Nehmen wir einmal an, ich würde mir die Vorschrift machen: »Wenn ich eine Rede halte, dann darf ich den Faden nicht verlieren oder aus dem Konzept kommen!« Wenn es nun tatsächlich unmöglich wäre, dass ich beim Reden den Faden verliere oder aus dem Konzept komme, wäre ich fein raus. Ich könnte gegen diese Vorschrift nicht verstoßen und deshalb bräuchte ich sie im Grunde auch nicht. Tatsächlich mache ich mir aber Vorschriften, weil die Möglichkeit besteht, dass es anders kommt: Es könnte sein, dass ich den Faden verliere. Diese Möglichkeit ist in meinem Bewusstsein vorhanden und ich spüre unangenehme Gefühle, wenn ich daran denke. Um diese Gefühle nicht weiter zu erleben, versuche ich sie mit einem befehlenden »Ich darf beim Sprechen nicht den Faden verlieren!« wegzuschieben. Diese innere Vorschrift ändert aber nichts daran, dass ich doch den Faden verlieren könnte. Bei einem Wortbeitrag oder bei einer Rede aus dem Konzept zu kommen und nicht weiterzuwissen kann passieren. Es ist eine Möglichkeit, die ich nicht zu hundert Prozent verhindern kann. Es kann mir passieren, dass ich während meiner Rede stecken bleibe – wie viele Vorschriften auch immer ich innerlich dagegen

Um unangenehmen Gefühlen auszuweichen, machen wir uns Vorschriften.

setze. Die Möglichkeit, dass ich den Faden verliere, bleibt in meinem Bewusstsein bestehen. Und wenn ich kurz daran denke, was mir gleich bei meiner Rede passieren könnte, dann fällt mir auch die Möglichkeit stecken zu bleiben wieder ein. Diese Vorstellung löst unangenehme Gefühle aus, die ich dann wiederum versuche mit der Vorschrift »Ich darf beim Reden nicht den Faden verlieren!« wegzuschieben. Dennoch bleibt die Möglichkeit, dass ich doch den Faden verlieren könnte. Sie merken es schon: Die Gedanken drehen sich im Kreis.

Ein solches Kreisen der Gedanken sieht ungefähr so aus:

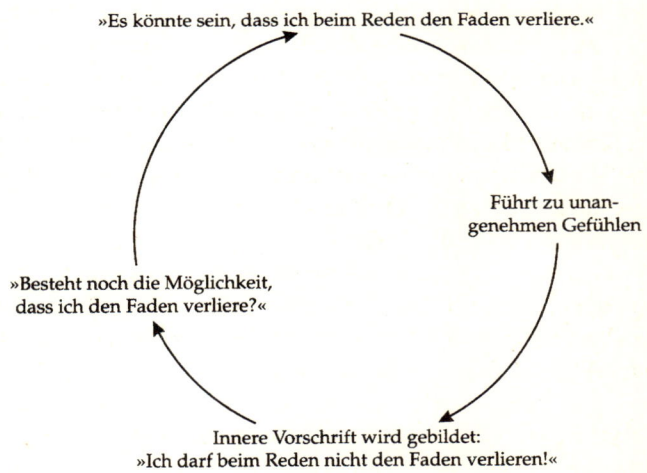

Dieses Sich-Vorschriften-Machen kann sich auf verschiedene Bereiche unseres Seins beziehen:

- auf die eigenen Körperreaktionen (»Ich darf nicht rot werden!«)
- auf das eigene Verhalten (»Ich muss frei und fließend reden!«)

- auf die eigene Wirkung gegenüber anderen (»Ich muss sicher wirken!«)
- auf das Ereignis (»Es darf nichts schief gehen!«)
- auf die Reaktionen anderer Menschen (»Die anderen müssen mich anerkennen!«)

Ebenso können sich unsere inneren Vorschriften auf verschiedene Zeiträume beziehen. Und zwar auf

- die Zukunft (»Ich muss morgen einen guten Eindruck machen!«)
- die Gegenwart (»Ich darf mich jetzt nicht verkrampfen!«)
- die Vergangenheit (»Gestern hätte ich viel überzeugender sprechen müssen!«)

Befehle an uns selbst können auch nur kurze innere Anweisungen sein, mit denen wir uns anstacheln und aufputschen, wie zum Beispiel »Zusammenreißen!« oder »Nicht stottern!«. Solche kurzen, antreibenden Vorschriften sagen wir uns innerlich, um uns in Schwung zu bringen. Beispielsweise morgens ein kurzes Aufsteh-Kommando, »Los jetzt – raus aus dem Bett!«, und anschließend die Anstachelung, sich zu beeilen mit einem »Mach schneller!«. Diese Form, sich zu etwas zu zwingen oder sich selbst etwas zu verbieten, mag sich zunächst harmlos und vielleicht auch ganz natürlich ausmachen. Aber mit jeder Vorschrift setzen wir uns selbst unter Druck und bringen Stress in unsere Handlungen.

Durch innere Vorschriften entsteht Druck und Stress.

Die Auswirkungen der inneren Vorschriften

Wenn wir in unseren Seminaren diese inneren Vorschriften erklären, dann entdecken viele Frauen, wie oft sie sich innerlich etwas befehlen. Manche haben von sich sogar den Eindruck, hauptsächlich aus Vorschriften zu bestehen. Damit taucht meist auch die Frage auf, ob wir diese Befehle an uns selbst nicht dringend brauchen würden, um unser Verhalten zu steuern und um uns selbst »am Riemen zu reißen«.

Tatsächlich können wir unserem Verhalten auch ohne Vorschriften eine Richtung geben. Wir können unsere Absichten als Ziele, Wünsche, Normen und Werte denken und verwirklichen. Ich kann mir wünschen, dass meine Rede glatt über die Bühne geht, und ich bereite mich so vor, dass ich möglichst nicht aus dem Konzept komme. Das wäre eine Zielsetzung. Ich kann mir aber auch meine Ziele und Absichten selbst befehlen. Damit würde ich mir dann eine Art »innere Zwangsjacke« anlegen. Dann heißt es: »Die Rede muss glatt über die Bühne gehen! Ich darf nicht aus dem Konzept kommen!« Im Sich-Vorschriften-Machen steckt der innere Zwang, dass es so und nicht anders sein muss. Wenn ich ein Ziel nicht erreiche, dann kann das möglicherweise unangenehm für mich sein. Hinter einer Vorschrift aber steckt ein massives »Schlimm-Gefühl«, die Vorstellung einer Katastrophe. Es wäre »schlimm«, »schrecklich« oder »furchtbar«, wenn nicht das passiert, was sein muss.

Vorschriften sind wie eine innere Zwangsjacke.

Das, was wir hier als Schlimm-Gefühl bezeichnen, ist ein sehr belastendes Gefühl, das sich zusammensetzt aus

- Katastrophen-Fantasien (»Wenn ich beim Reden nicht weiterweiß, dann werden die anderen über mich lachen und niemand wird mich mehr respektieren.«)
- früheren seelischen Verletzungen (das Ausgelachtwerden vor der ganzen Schulklasse) und
- alten Erfahrungen von Ohnmacht und Hilflosigkeit (bei Herabsetzungen und Lächerlich-gemacht-Werden sich nicht wehren zu können, und niemand ist da, der einem beisteht)

All diese verletzenden Erfahrungen und Schreckensfantasien verdichten sich innerlich zu einer Art Gefühlsklumpen, den wir als etwas diffuses »Schlimmes« oder »Schreckliches« spüren. Es ist das sehr unangenehme Gefühl, das aufflackert bei dem Gedanken daran, wie es ist, vor einem Publikum zu stehen und dann Fehler zu machen oder sich sonst wie zu blamieren.

Dieses diffuse Schlimm-Gefühl entzieht sich unseren rationalen Überlegungen. Die meisten Menschen, die unter Redeangst und Lampenfieber leiden, wissen im Kopf sehr wohl, dass ein Fehler beim Sprechen nicht wirklich eine Katastrophe für sie ist. Aber diese Erkenntnis im Kopf ändert nichts daran, dass sie es dennoch als »schrecklich« empfinden. Und genau dieses Erleben des Schrecklichen mitsamt den darin eingefalteten Katastrophen-Fantasien, alten seelischen Verwundungen und anderen schmerzhaften Erfahrungen blockieren wir mithilfe des Sich-selbst-etwas-Befehlens. Wir setzen ein inneres Muss oder Darf-Nicht gegen das aufflackernde Schlimm-Gefühl.

Lassen Sie uns an dieser Stelle einmal zusammenfassen, welche Auswirkungen innere Vorschriften auf uns haben:

- *Körperliche Auswirkungen*
  Mit Vorschriften setzen wir uns selbst unter Druck. Wenn wir uns eine Vorschrift machen, dann machen wir uns innerlich »Dampf«. Dadurch nimmt die Anspannung bestimmter Muskelgruppen zu, der Pulsschlag erhöht sich, es kann zu Magendrücken kommen, das Gesicht wird blass oder rot.
- *Auswirkungen auf die Gedanken*
  Die Denkprozesse werden von der inneren Vorschrift beherrscht. Das jeweilige Muss oder Darf-Nicht wird zum zentralen Gedanken. Die Gedanken drehen sich im Kreis. Die Kreativität und die Problemlösefähigkeit sind stark herabgesetzt.

- *Emotionale Auswirkungen*
  Beim Sich-Imperieren entsteht zunächst ein Gefühl der Dringlichkeit und des Zwangs. Geht der Imperierungsprozess weiter, werden diese Gefühle stärker. Es kommt zu Nervosität, Beklemmung und Angst.
- *Auswirkungen auf die Wahrnehmungsfähigkeit*
  Die Wahrnehmung wird eingeengt. Die jeweilige Realität wird nach dem abgesucht, was unbedingt sein muss oder nicht passieren darf. Es entsteht eine Art Tunnelblick, bei dem die innere Vorschrift wie ein Wahrnehmungsfilter wirkt, ein Filter, der nur das durchlässt, was mit dem inneren Befehl zu tun hat.
- *Auswirkungen auf das Verhalten*
  Die Handlungen werden hektischer, fahriger oder nervöser. Die Körperhaltung kann steifer und angespannter oder auch raumgreifender werden. Die Stimme wird gepresster. Sie hört sich häufig auch monoton oder überschlagend an. Das Sprechtempo wird viel schneller oder viel langsamer als im Normalzustand.

Eine innere Vorschrift jagt die andere

Bisher sind wir – um das Ganze zu vereinfachen – bei unseren Beispielen von einzelnen inneren Vorschriften ausgegangen, durch die die Redeangst entsteht. Aber aus unseren Seminaren und Beratungen wissen wir, dass jemand, der Angst hat, vor einem Publikum zu sprechen, fast immer eine Kette von inneren Vorschriften aktiviert. Die Vorschriften liegen dabei schichtweise übereinander. Einige dieser Vorschriften befinden sich quasi an der »Oberfläche«, andere liegen tiefer. So kann sich zum Beispiel die Vorschrift »Meine Stimme darf nicht zittern!« sofort bemerkbar machen, wenn es um eine Rede vor einem Publikum geht. Forscht man dann allerdings weiter, dann können noch andere Befehle an sich selbst auftauchen, wie »Ich muss sicher wirken!« oder »Ich darf nicht versagen!«

Typischerweise beginnen diese Schichten von Vorschriften in der Regel bei den Anzeichen der Angst, beispielsweise: »Meine Hände dürfen nicht zittern!« Wir stoßen auf eine tiefere Ebene von Vorschriften, wenn wir die Frage stellen: »Was wäre das Schlimme daran, wenn die Hände zittern?« Die Antwort bezieht sich dann meistens auf das Verhalten und könnte lauten: »Wenn meine Hände zittern …

Innere Vorschriften bilden ein Netz, in dem man sich verfangen kann.

… kann ich nicht mehr ruhig reden
… fange ich an, mich zu verhaspeln
… verliere ich den Faden usw.
… und das wäre schlimm!«

Fragen wir auch hier weiter: »Was wäre das Schlimme daran, zum Beispiel den Faden zu verlieren?«, wird die nächste Ebene tiefer liegender Vorschriften deutlich. »Wenn ich den Faden verliere,
… mache ich einen inkompetenten Eindruck
… bin ich unkonzentriert
… könnte ich nicht mehr weitersprechen
… und das wäre schlimm!«

Auch hier decken wir mit der Frage nach dem Schlimmen die darunter liegende Vorschrift auf und damit langsam ein ganzes System von Ver- und Geboten, die miteinander verknüpft sind bis hin zu Gefühlen von Einsamkeit und Todesvorstellungen.

»Ich muss etwas sagen, aber ich darf keinen Kloß im Hals haben, denn sonst könnte ich nicht fließend reden, und dann würde ich nicht kompetent wirken, und dann könnte es sein, dass die anderen mich nicht wichtig nehmen, und dann wäre es völlig egal, was ich zu sagen habe, und dann brauchte ich gar nicht hier zu sein.« (Zitat aus einem Beratungsgespräch.)

Diese Schichtung von Vorschriften, ihre Über- und Unterordnung, wollen wir mit der folgenden Tabelle verdeutlichen. Sie beginnt oben auf der ersten Hierarchiestufe bei den Imperativen, die die Körperreaktionen kontrollieren, und endet auf der tiefsten Ebene bei den existenziellen Vorschriften.

Eine Vorschrift jagt die andere – die Schichten der Vorschriften:

	Ich muss ...	Ich darf nicht ...
Ebene der Körperreaktionen	meinen Körper kontrollieren, meine Angst im Griff haben,	rot werden, zittern, nasse Hände bekommen, einen Kloß im Hals haben, Herzrasen bekommen,
Ebene des Verhaltens	etwas sagen, fließend reden, das Gespräch weiterführen, souverän sprechen, etwas Interessantes sagen, deutlich reden, laut sprechen,	stottern, Fehler machen, den Faden verlieren, zu viele Pausen machen, zu schnell/langsam reden, plötzlich lachen oder weinen, ausflippen, langweilig reden, aufgeregt sein,
Ebene des Selbstbildes	einen guten Eindruck machen, witzig sein, sachlich sein, konzentriert sein, kompetent sein, souverän sein, etwas Besonderes sein, wichtig sein,	zu viel Raum einnehmen, unsicher sein, albern sein, dumm sein, oberflächlich sein, nervig sein, zu viel von mir zeigen, unsachlich sein, schwach sein, arrogant sein, mich loben, zu emotional sein,

	Ich muss ...	Ich darf nicht ...
Ebene des sozialen Kontakts	gesehen werden, den Erwartungen der anderen gerecht werden, andere beeindrucken, überlegen sein, geachtet werden, gefallen, anerkannt werden, geliebt werden,	kritisiert werden, enttäuschen, im Mittelpunkt stehen, ausgelacht werden, überhört werden, abgewertet werden, Außenseiterin sein,
Existenzielle Ebene	denn sonst bin ich einsam, wertlos, ausgestoßen (usw.) und das Leben und meine Existenz verlieren den Sinn ⇨ Fantasien + Ängste vor dem Tod und: Das darf nicht sein!	

Wie Sie sehen, können innere Vorschriften so miteinander verknüpft sein, dass eine Vorschrift die nächste nach sich zieht. Wird eine aktiviert, dann werden auch die tiefer liegenden Vorschriften berührt und zum »Schwingen« gebracht. So können mit der Vorschrift »Ich darf nicht rot werden!« auch Befehle aktiviert werden, die sich auf das Abgelehntwerden oder auf das totale Versagen beziehen.

Redeknoten

Gerade bei der Redeangst von Frauen stehen sich häufig zwei widersprechende Vorschriften gegenüber, wie beispielsweise »Ich muss jetzt aufpassen, dass ich auch zu Wort komme – aber ich darf mich nicht vordrängeln!« Beide Vorschriften bewegen sich auf der gleichen Ebene, aber sie stehen im Widerspruch zueinander. Meist erleben Frauen diese Verknotung der Vorschriften als einen Einerseits-andererseits-Konflikt.

»Auf der einen Seite möchte ich, dass das, was ich mache, auch gut gefunden wird oder zumindest Aufmerksamkeit oder Interesse weckt. Auf der anderen Seite darf ich mich ja auch nicht produzieren, von wegen ›Ich bin die Größte‹ oder ›Ich kann das ganz toll‹.«

Dieses Zitat einer Klientin drückt aus, was viele Frauen beim öffentlichen Sprechen sehr häufig erleben: zwei innere Vorschriften, die sich wie eine innere Zwickmühle gegenüberstehen. Das Bedürfnis, wahr und ernst genommen zu werden, wird häufig zum Gegenspieler der Angst, sich zu sehr in den Vordergrund zu spielen und dafür als Frau abgewertet zu werden. So haben diese verzwickten »Redeknoten« meist eine Seite, die glänzen will, und eine andere, die nicht auffallen darf, wie in folgenden Beispielen:

Ich muss mich durchsetzen!	⇔	Ich darf nicht anecken!
Ich muss auffallen!	⇔	Ich darf nicht im Mittelpunkt stehen!
Ich muss perfekt sein!	⇔	Ich darf meine Perfektion nicht zeigen!
Ich muss hervorstechen!	⇔	Ich muss mich anpassen und einordnen!
Ich muss zeigen, was ich kann!	⇔	Ich muss bescheiden bleiben!

Wenn eine Frau in einem solchen inneren Redeknoten gefangen ist, dann kann sie sich verhalten, wie sie will, eine Seite ihrer Vorschriften wird sie mit großer Wahrscheinlichkeit verletzen. Versucht sie, mit Schweigen und Zurückhaltung aus der Redesituation herauszukommen, dann verstößt sie gegen ihre »Ich-muss-zeigen-was-ich-kann«-Vorschriften, mit denen sie sich antreibt. Wird sie hingegen aktiv und ergreift das Wort, dann verstößt sie gegen ihre bremsenden »Ich-darf-mich-nicht-in-den-Vordergrund-drängen«-Vorschriften. Die Betreffende erlebt meist jede ihrer Verhaltensweisen – gleichgültig, ob sie nun aktiv oder zurückhaltend ist – als unzulänglich und fehlerhaft.

Gelassenheit kommt von zulassen

Wir brauchen innere Vorschriften, weil wir schmerzhafte, »schlimme« Gefühle und Gedanken nicht erleben wollen. Aber die Vorschriften bringen uns, wie wir gesehen haben, in Teufels Küche. Durch sie setzen wir uns unter Druck und erzeugen in uns Stress und Angst. Wir können aufhören, uns innerlich etwas zu befehlen, wenn wir bereit sind, das zu erleben, was wir bisher weggeschoben haben: das Schlimm-Gefühl und Katastrophen-Fantasien, die darin enthalten sind. Das liest sich hier einfacher, als es häufig in Wirklichkeit ist. Wir sind im Umgang mit uns selbst meist sehr daran gewöhnt, Störendes und Lästiges wegzuschieben, abzuschneiden oder herauszuoperieren. Ein kräftiges »Reiß dich zusammen!« erscheint uns häufig sehr plausibel, wenn es darum geht, schwierige Situationen zu bewältigen. Im Zulassen und Akzeptieren von uns selbst fehlt uns meist die Übung. Störende Gefühle loswerden zu wollen ist uns selbstverständlicher, als sie als Ausdruck unserer einzigartigen Persönlichkeit da sein zu lassen. Gerade bei unangenehmen Gefühlen kommt noch hinzu, dass viele glauben, ein schmerzhaftes Gefühl würde immer da sein. Tatsächlich sind unsere Gefühle aber in Bewegung. Wenn sie nicht blockiert werden, dann sind sie Prozesse, die ansteigen, ihren Höhepunkt erreichen, anschließend abnehmen und dann ausklingen. Das gilt für angenehme Gefühle, wie zum Beispiel Freude, ebenso wie für unangenehme Gefühle. Es fällt uns in der Regel leicht, unsere angenehmen Gefühle zu akzeptieren und sie zuzulassen. Die unangenehmen aber wollen wir meist »loswerden«, indem wir sie wegschieben und eine innere Vorschrift davor setzen.

Das aber ist ein sicherer Weg, um diese unangenehmen Gefühle eben nicht verschwinden zu lassen, sondern sie zu erhalten und zu konservieren.

Lassen Sie uns anhand der nachfolgenden Zeichnung nochmals verdeutlichen, wie Vorschriften das vollständige Erleben des Schlimm-Gefühls blockieren.

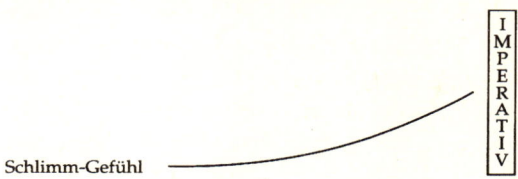

Wird das Schlimm-Gefühl nicht blockiert, wird also keine Vorschrift dagegengesetzt, dann steigt es zunächst an. Es wird noch »schlimmer«.

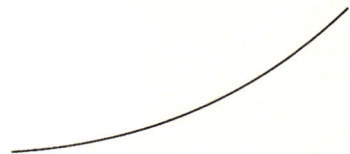

Nachdem das Schlimm-Gefühl seinen Höhepunkt erreicht hat, wird es ganz von selbst abnehmen. Erst durch dieses vollständige Zulassen des Gefühls, ohne Vorschrift, können schmerzhafte Gefühle ausheilen.

Ohne innere Vorschriften sind wir nicht länger in kreisenden Gedanken und in einem eingeengten Tunnelblick gefangen. Wir können die Realität in uns und um uns herum so erleben, wie sie ist. Diese Art der Wahrnehmung nennen wir *akzeptierende Wahrnehmung*. Das klingt zunächst komplizierter, als es ist. Sie kennen diese Form der akzeptierenden Wahrnehmung aus Ihrem Alltag. Wenn Sie etwas Schönes erleben, dann nehmen Sie es so wahr, wie es ist, und zwar mit allen Sinnen, ohne etwas wegzuschieben oder davor wegzulaufen.

Wenn Sie beispielsweise einen Sonnenuntergang am Meer miterleben, dann werden Sie wahrscheinlich dieses Erlebnis konstatierend wahrnehmen. Sie sehen die rote Sonne, die langsam am Horizont versinkt, und wie sich das Licht auf der Wasseroberfläche spiegelt. Sie spüren die kühler werdende Luft und hören das Rauschen der Wellen. Sie nehmen wahr, welche Gedanken und Gefühle in Ihnen entstehen. Sie lassen das zu, was in Ihnen und außerhalb von Ihnen ist. Sie konstatieren das, was ist. Das Gegenteil davon wäre, sich etwas zu imperieren, sich Vorschriften zu machen.

Akzeptieren, was da ist: Alle Gefühle und Gedanken einfach nur wahrnehmen.

Eine Rede vor einem Publikum ist nun aber kein Sonnenuntergang am Meer. Bei einer Rede geht es um die eigene Leistung, die eigene Person und um die Bewertung durch andere. Akzeptierend wahrnehmen heißt, dass Sie vor allem Ihre Gefühle und Gedanken annehmen, wie sie sind, ohne dabei etwas mit einer Vorschrift wegschieben zu wollen.

Wenn Sie eine Redesituation akzeptierend wahrnehmen, dann werden Sie auch der Möglichkeit ins Gesicht sehen, dass Sie bei Ihrer Rede Fehler machen können, dass Sie Ihre gesetzten Ziele nicht ganz erreichen. Mit diesen Gedanken tauchen jetzt vielleicht sogar »schlimme« Gefühle auf. Sich nichts vorzuschreiben heißt, diese Gefühle und Gedanken einfach wahrzunehmen – ohne sich hineinzusteigern oder davor wegzulaufen. Durch das Zulassen von dem, was sich in uns abspielt, verringert sich die Angst und es entsteht Gelassenheit.

Im Zentrum der Angst

Bisher haben wir die Redeangst und das Lampenfieber vom theoretischen Hintergrund her betrachtet. Lassen Sie uns nun das Ganze einmal aus der Sicht der Betroffenen beleuchten. Wie stellt sich die Redeangst im Alltag dar? Und was genau macht den Frauen Angst?

Wir haben in unseren Trainings und Beratungen herausgefunden, dass es bestimmte »Schreckensbilder« sind, vor denen sich die meisten fürchten, die unter Lampenfieber und Redeangst leiden. Das ist besonders die Angst

- im Mittelpunkt zu stehen
- rot zu werden
- etwas Dummes oder Falsches zu sagen und sich damit »total« zu blamieren
- den Faden zu verlieren und ein Blackout zu haben
- vom Publikum ausgelacht, abgelehnt oder sogar »in der Luft zerrissen« zu werden

Vielleicht erkennen Sie sich und den Kern Ihrer Angst in den folgenden Beispielen wieder:

Im Mittelpunkt stehen

Im Mittelpunkt der Aufmerksamkeit von anderen zu stehen ist nicht nur angenehm. Gerade wenn es um die eigene (Rede-)Leistung geht, fühlen sich viele Frauen durch die Blicke der Zuhörenden durchschaut oder verurteilt.

»Zuerst war ich noch ganz ruhig, aber als ich dann hinter dem Mikrofon stand und alle mich sehen konnten, da bekam ich die Panik. Ich war völlig bloßgestellt und ungeschützt. Ich dachte, dass die anderen jetzt jede Schwäche an mir sehen – meine Figur, die Kleidung und alles. Plötzlich war mir das Ganze unendlich peinlich. Am liebsten hätte ich mich versteckt.«

So schilderte eine 36-jährige Verwaltungsangestellte ihre erste Redesituation vor einem größeren Publikum.

Sich selbst nicht in den Vordergrund zu drängen, sondern bescheiden zu sein – das sind Vorschriften, die viele Frauen bereits als kleines Mädchen verinnerlicht haben. So ist es nicht verwunderlich, dass einige Frauen fürchten, für eine Angeberin gehalten zu werden, wenn sie im Mittelpunkt stehen. Sie haben Angst, als Hochstaplerin entlarvt zu werden.

Und da Frauen ihr persönliches Selbstwertgefühl häufig auch über ihr Äußeres bestimmen, verstärkt das eigene unperfekte Aussehen die Angst. Die schiefe Nase, schlecht sitzende Haare und zu viele Falten im Gesicht erscheinen der Betreffenden dann als übergroßer Makel, während sie gleichzeitig ihre schönen Seiten ausblendet. Das Publikum wird in ihren Augen zu einem unbarmherzigen Zensor, der an ihr kaum ein gutes Haar lässt. Tatsächlich aber kann die Rednerin nicht wissen, was in den Köpfen der Zuhörenden vor sich geht, ob sie von einigen im Publikum verurteilt wird oder ob ihr die Mehrheit wohlgesonnen ist. Sie vermutet vielmehr ihre eigene Selbstkritik und die eigene Selbstabwertung in den Augen und Ohren der Zuhörenden. Sie glaubt, die anderen würden sie so hart verurteilen, wie sie es mit sich selbst tut: »Schmunzelt der da hinten nicht deshalb, weil ich hier so eine alberne Figur

Die Angst macht das Publikum zu einem unbarmherzigen Zensor.

abgebe?! Und die Frau in der ersten Reihe gähnt nun schon zum dritten Mal ...« Und natürlich nicht etwa, weil sie zu wenig geschlafen hat oder der Sauerstoff im Raum knapp wird, sondern einzig und allein, so denkt die Rednerin, weil ihr Vortrag zum Einschlafen ist.

Die Angst, im Mittelpunkt zu stehen, führt meist dazu, dass die Betreffende versucht, wenig von ihrer herausragenden Situation wahrzunehmen und möglichst schnell davon wegzukommen. Mit anderen Worten: Sie versucht, ihre Rede nach dem Motto »Augen zu und durch« schnellstens hinter sich zu bringen. In der Praxis sieht dieses »Augen zu und durch« dann typischerweise so aus: Die Rednerin, die Angst hat, im Mittelpunkt zu stehen, versucht die Zuhörenden und vor allem die Aufmerksamkeit der Zuhörenden so wenig wie möglich wahrzunehmen. Sie sieht vor Beginn ihrer Rede nicht ins Publikum, sondern auf ihr Manuskript, auf das Rednerpult oder an die Decke. Während sie schnell und möglichst ohne Sprechpausen ihren Text abspult, vermeidet sie weiterhin den Blickkontakt mit dem Publikum. Schaut sie doch einmal in die Runde der Zuhörenden, dann wird sie gewahr, dass sich alle Augen auf sie richten. Sie steht tatsächlich im Mittelpunkt der Aufmerksamkeit. In dem Moment, in dem ihr das bewusst wird, steigt ihr Angstpegel. Es kommt zu Versprechern, Aussetzern, Fadenrissen oder anderen Stockungen im Redefluss. Um nicht länger im Zentrum der Aufmerksamkeit zu stehen, führt die Rednerin meist ein hastiges Ende ihrer Rede herbei. Sehr häufig nimmt sie sich nicht genügend Zeit, um zu überlegen, ob sie auch das gesagt hat, was sie sagen wollte. Sie verschafft sich keinen ruhigen und eindrucksvollen Abgang. Die Rede wird mehr oder minder schroff abgebrochen, häufig wird das plötzliche Ende mit einem »Das war's« markiert. Kaum sind die letzten Worte verklungen,

Was nicht hilft, ist: »Augen zu und durch!«

da verlässt sie fast fluchtartig den Redeplatz und setzt sich – meist mit einem stoßweisen, erleichterten Ausatmen – auf einen Stuhl, wo die Aufmerksamkeit des Publikums sie nicht mehr erreicht.

Der erste Schritt zum Abbau dieser Mittelpunktsangst besteht darin, dem Kern der Angst nicht länger auszuweichen, sondern ihm von Angesicht zu Angesicht gegenüberzutreten. Dazu führen wir in unseren Trainings eine Übung durch, mit der die Teilnehmerinnen das »Im-Mittelpunkt-Stehen« sehr bewusst erleben können. Dabei setzt (oder stellt) sich die Betreffende vor die Gruppe. Alle anderen Frauen sitzen im Halbkreis vor dieser Teilnehmerin und gucken sie an. Für die Frau, die vor der Gruppe steht, geht es jetzt darum, schweigend im Zentrum der Aufmerksamkeit der anderen zu sein. Damit wird das Weglaufen, das Vermeiden und schnelle Flüchten beendet. Jetzt sitzt oder steht die Teilnehmerin dort, wo sie sonst gern »schnell weg« wollte: im Zentrum der Aufmerksamkeit des Publikums. Hier hat sie Zeit, die Gedanken und Gefühle wahrzunehmen, die mit ihrer Angst in Verbindung stehen. Sie kann wahrnehmen, was um sie herum und was in ihr vorgeht: Sie kann genau hinsehen, wie das Publikum dasitzt, und hören, welche Geräusche im Raum sind, welche Gefühle und Gedanken in ihr entstehen. Sie braucht dabei nichts tun, außer ganz da zu sein. Sie kann bemerken, wie das unangenehme Gefühl sich wandelt, indem sie dabeibleibt. Sie beobachtet die innere Gefühlswelle, wie sie ansteigt und allmählich wieder abnimmt, bis sie sich frei fühlt, mit ihrem Vortrag zu beginnen. Im dritten Kapitel finden Sie diese Übung in einer abgewandelten Form unter dem Titel »Auf dem Präsentierteller sitzen«.

»Im-Mittelpunkt-Stehen« will geübt sein.

»Hilfe, ich werde rot!«

Viele Frauen fürchten, rot zu werden, wenn sie im Mittelpunkt stehen. Sie wünschen sich, gelassen und souverän zu wirken, sodass niemand ihnen ihre Aufregung ansehen kann. Doch ihr gerötetes Gesicht verrät sie.

Beim Rotwerden gibt es manchmal erhebliche Unterschiede zwischen dem, was die Einzelne innerlich vermutet oder fühlt, und dem, was nach außen hin von anderen wahrgenommen werden kann. Es gibt Frauen, die rot werden und bei denen die zunehmende Röte im Gesicht auch auffällig ist. Andere wiederum spüren eine Art Hitzewallung im Gesicht, die aber äußerlich nicht zu sehen ist.

Auch der Grad des Rotwerdens wird manchmal stark überschätzt. Viele glauben irrtümlicherweise, ihr Erröten würde wie eine Art Leuchtreklame durch den ganzen Raum blinken. In Wirklichkeit ist die Gesichtsröte meist minimal, und das Publikum bemerkt sie gar nicht, weil es viel mehr mit dem Inhalt der Rede beschäftigt ist als mit den Veränderungen der Hautfarbe bei der Rednerin.

Das Rotwerden ist eine Körperreaktion, die von selbst passiert und nur sehr schwer willentlich zu kontrollieren ist. Damit das Gesicht rot wird, erweitern sich die kleinen Blutgefäße in der Haut und die Durchblutung steigt in den Kopfbereich. Das kann durch eine innere Anspannung oder durch Stress ausgelöst werden. Wenn sich die Durchblutung des Gesichts verbessert, wird auch das Gehirn

»Bloß nicht rot werden!«: Und schon steigt die Röte ins Gesicht.

stärker durchblutet. Damit sorgt der Körper für eine verbesserte »Kraftstoffzufuhr« im Gehirnbereich und sichert somit die Leistungsfähigkeit in besonderen Situationen. Besonders, wenn es uns wichtig ist, dass unser Gehirn gut funktioniert, ist es nicht sinnvoll, die Blutzufuhr im Kopfbereich drosseln zu wollen.

Wenn das Rotwerden für Sie ein Problem ist, dann ist es hilfreich zu wissen, dass sich das Erröten nicht einfach mit einem Trick oder Ähnlichem abstellen lässt. Wenn Sie sich befehlen: »Nicht rot werden!«, dann geben Sie sich selbst damit erst den Impuls zum Rotwerden, weil unser Gehirn das Wort »nicht«, das Sie mitgedacht haben, nicht genauso verarbeitet wie die Worte »rot werden«. Das Gehirn verarbeitet zuerst »rot werden« und dann erst »nicht«. Das bedeutet, Sie setzen mit der Vorschrift »Nicht rot werden!« zuerst den Impuls zum Rotwerden und erst danach soll dieser Impuls mit dem Wort »nicht« wieder gebremst werden. Das Gleiche passiert zum Beispiel, wenn Sie einmal ernsthaft »nicht an rosa Elefanten denken«. Wenn Sie das tun, dann werden Sie wahrscheinlich zuerst an rosa Elefanten denken und dann diese rosa Elefanten innerlich wegschieben, durchstreichen oder umfärben. Aber zuerst haben Sie an rosa Elefanten gedacht, um sie anschließend loszuwerden.

Das Rotwerden nimmt häufig ab, wenn Sie aufhören, dagegen anzukämpfen, wenn es Ihnen gelingt, sich selbst als einen Menschen hinzunehmen, der nun einmal errötet. Sie sind jemand, der redet und dabei rot wird. Das sind Sie, und das gehört zu Ihnen. Wenn Sie Ihr Rotwerden als Teil Ihres Daseins »da sein lassen«, dann können Sie gelassener werden und auch aufhören, sich deswegen zu schämen oder sich verstecken zu wollen. Sie werden rot und können vor anderen Leuten reden. Noch ein Tipp am Rande: Eine Teilnehmerin, die lange Zeit unter ihrem chronischen Rotwerden litt, erfand eine schlagfertige Antwort auf die Bemerkung eines Kollegen. »Aber Frau Mayer, da müssen Sie doch nicht gleich rot werden!« Sie konterte: »Tut mir Leid, Herr Müller, dass Ihnen meine Farbe nicht gefällt, aber eine andere kann ich noch nicht«, und gewann

Das Rotwerden nimmt ab, wenn Sie aufhören dagegen anzukämpfen.

die Partie mit 1:0, anstatt wie früher innerlich im Boden zu versinken.

Möglicherweise ist das Rotwerden bereits ein Grund für Sie, um vor einer Rede Angst zu haben. In einem solchen Fall kann es hilfreich sein, dass Sie dazu die Focusing-Übung, die Sie im dritten Kapitel finden, ausprobieren.

Etwas Dummes oder Falsches sagen

»Red nicht so'n dummes Zeug. Das ist ja Unsinn, was du da erzählst!« Schon als Kinder haben wir gelernt, dass, wer Unsinn redet oder etwas Dummes sagt, ausgelacht oder vielleicht sogar bestraft wird. »So etwas gehört sich einfach nicht!«, »Bloß nicht als Dummchen dastehen! Lieber stumm bleiben und sich auf die Zunge beißen, als das Risiko einzugehen, etwas Falsches zu sagen!« Geknebelt durch solche inneren Zwangsjacken, sitzen immer noch viele Frauen in Besprechungen und Diskussionen schweigend am Rand. Sie wagen es nicht, frei auszusprechen, was ihnen durch den Kopf geht. Ihre Angst ist zu stark, es könnte ihnen jemand nachweisen, dass ihre Äußerungen falsch oder dumm sind. Und wenn sie doch den Mut fassen und anfangen zu reden, beginnt ihr erster Satz meist mit einer Selbstabwertung, einer Selbstverkleinerung, wie »Ich weiß nicht, vielleicht ist das ja Blödsinn, was ich mir denke ...« oder »Ich hab da gerad so eine dumme Idee ...«. Viele schreiben sich vor, dass sie nur dann vor einer Gruppe reden dürfen, wenn die eigenen Gedanken richtig, logisch und damit unangreifbar sind. Das heißt umgekehrt, dass sie es sich selbst verbieten, einfach nur einmal in einer Diskussionsrunde laut nachzudenken oder vorläufige Überlegungen anzubringen, also einfach spontan loszureden.

Die innere Vorschrift »Ich darf nichts Dummes oder Falsches sagen!« ist meist eng verbunden mit den Vorschriften »Ich darf keine Fehler machen!« und »Ich muss immer hervorragende Leistungen bringen!«. Viele Frauen, die mit diesen inneren Fesseln leben und arbeiten, setzen sich (und manchmal auch andere Menschen) unter einen großen Leistungs- und Perfektionsdruck. Sie erleben Arbeit, Leistung und Können häufig als einen Kampf, den sie gegen sich und andere austragen. Jede Situation, in der es in irgendeiner Form um die eigene Leistung geht, wird als eine Art Prüfung erlebt – mit der dazugehörigen Prüfungsangst. Das gilt vor allem für eine Rede vor einem Publikum. Es geht dabei für sie um »Sein oder Nichtsein«, um Bestehen oder Durchfallen. Ein »falsches Wort« oder eine »dumme Bemerkung« und schon hat die Betreffende das Gefühl, bei den Zuhörenden »unten durch« zu sein.

Wenn Sie versuchen, alles perfekt machen zu wollen, entstehen erst recht Fehler.

Eine 44-jährige Kunsthistorikerin, die für verschiedene Museen und Kunstgalerien beratend tätig war, litt unter starkem Lampenfieber, wenn sie Fachvorträge bei Ausstellungen oder in Kollegenkreisen hielt. Obwohl sie eine Expertin auf ihrem Gebiet war, fürchtete sie sich davor, dass ihr in einem Vortrag ein Fehler unterlaufen könnte. Eine Jahreszahl zu verwechseln oder ein Wort falsch auszusprechen – das war für sie nicht nur ein Fehler, sondern fast eine Katastrophe.

> »Was ich sage, muss korrekt und nachprüfbar sein! Schließlich habe ich eine lange Ausbildung hinter mir, und da kann man doch von mir erwarten, dass ich präzise Angaben mache. Schluderei kann ich mir in diesem Beruf nicht leisten. Das darf einfach nicht vorkommen. Deshalb prüfe ich vor jedem Vortrag alle Angaben, die ich mache, drei- und vierfach. Trotzdem zittere ich vor-

her, weil ich es einfach grauenvoll finde, wenn mir irgendein Versprecher herausrutscht oder ein Kollege entdeckt, dass mir ein Irrtum unterlaufen ist.«

Wir luden diese Frau zu einer einfachen Übung ein, mit der sie die Angst vor Fehlern und Versprechern abbauen konnte. Wir baten sie, einen »besonderen« Vortrag vor der Gruppe zu halten. Einen Vortrag, in dem allerdings kein einziger vernünftiger Satz vorkam. Mit anderen Worten, es ging darum, dass sie minutenlang nur Blödsinn redete.

Für die Kunsthistorikerin war das die größte Herausforderung in diesem Seminar. Sie sprach normale Worte, die sie zu völligen kunsthistorischen Nonsens-Sätzen zusammenfügte. Ihren ersten dummen Satz auszusprechen kostete sie sehr große Überwindung. Bevor sie anfing zu sprechen, saß sie vor der Gruppe und »schwitzte Blut und Wasser«, wie sie selbst anschließend sagte. Nach den ersten zögerlichen und gequälten Sätzen begann die innere Blockade zu schmelzen und ihre restliche Rede fing an, ihr Spaß zu machen. Ihre Nonsens-Rede wurde mit Video aufgezeichnet und anschließend abgespielt. Sie hörte und sah sich selbst, wie sie zum ersten Mal in ihrem Erwachsenenleben »absichtlich Blödsinn redete«, und zwar während andere ihr dabei zuhörten und zusahen.

Oft sitzt hinter den Kulissen der Perfektion das zitternde Elend.

Sie berichtete nach der Übung, dass ihr anfangs die Situation ungeheuer peinlich war und dass sie am liebsten alles abgebrochen hätte. Erst durch das genaue Hinspüren und Wahrnehmen konnte sie herausfinden, was für sie das Schlimmste beim fehlerhaften Sprechen vor anderen war, und so konnte sie einen Blick hinter die Kulisse ihrer inneren »Immer-korrekt-und-perfekt-sein-müssen«-Vorschrift werfen. Sie wollte sich mit dieser Vorschrift vor der Erfahrung des Versagens schützen:

»Für mich ist es der größte Horror, mit dem, was ich als Fachfrau sage, reinzufallen. Also wenn mir jemand nachweist, dass ich nicht korrekt gearbeitet habe, dass ich sozusagen geschlampt habe. Ich denke, mein Ruf als Expertin steht auf dem Spiel und ich kann mir kein Versagen leisten. Dafür habe ich zu lange und zu mühselig studiert, um das zu werden, was ich bin, und ich habe sehr um die Position kämpfen müssen, in der ich jetzt arbeite.«

Hinter ihren inneren Perfektionsvorschriften lag der »Horror«, als Fachfrau nichts mehr zu gelten. Natürlich wusste sie, dass ein oder mehrere Fehler und Versprecher nicht zu ihrem Untergang führen würden. Dennoch hatte sie bei jeder Rede Angst um ihren Status, um ihren Ruf als Expertin. Bei jedem öffentlichen Vortrag standen für sie ihr Können und ihre Kompetenz auf dem Spiel. Bestehen oder durchfallen – das war für sie die Prüfung bei jedem ihrer Vorträge.

Fehler zugeben bedeutet keine Katastrophe.

Durch diese Nonsens-Rede-Übung probte sie das, was sie vermeiden wollte – das Versagen, den Reinfall und die massenhaften Fehler beim Sprechen.

Viele Wochen nach dem Seminar, bei einem Wiedersehenstreffen mit ehemaligen Seminarteilnehmerinnen, berichtete die Kunsthistorikerin, was sich aufgrund dieser Übung bei ihr geändert hatte. Ihr großes Zittern vor einer Rede war mittlerweile zu einer kleinen Unruhe geschrumpft. Sie hatte sehr viel weniger Angst davor, Fehler während ihrer Vorträge zu machen, obwohl sie sich auch jetzt noch gründlich vorbereitete. Außerdem war sie dabei, ihre Reden mehr aufzulockern und, wie sie sagte, »nicht mehr ganz so bierernst aufzutreten, sondern auch mal Humor zu wagen«.

Diese Nonsens-Rede-Übung ist wohlgemerkt kein Training, um Frauen beizubringen, wie sie in Zukunft mehr

Blödsinn reden können, sondern eine Übung zum Abbau von inneren Korrektheits- und Perfektionsvorschriften, mit denen sich viele Frauen Angst machen und sich selbst lähmen.

Wir finden: Fehler machen ist menschlich und sie souverän zugeben wirkt bestechend sympathisch. Wir stimmen mit Ingrid Steeger überein, die einmal sagte: »Aus Fehlern wird man klug, deshalb ist einer nicht genug!«

Das »Äh« in der Rede

Überflüssige und ungeliebte Laute, wie das »Äh«, entschlüpfen vielen Menschen, wenn sie während des Sprechens kurz nachdenken. Die Rednerin oder der Redner überlegen in den Sprechpausen, wie das nächste Wort oder der nächste Satz lauten kann. Und dieses kurze Innehalten überbrücken viele mit einem Zwischenlaut.

Wie viele von diesen »Ähs« während einer Rede produziert werden, merken manche erst, wenn sie sich eine Videoaufnahme ihres Redebeitrags ansehen. Die Konzentration ist während der Rede ganz bei den Worten, und ein »Äh« entwischt meist unbemerkt.

Wenn die betreffende Frau nun allerdings weiß, dass ihr hin und wieder ein »Äh« entschlüpft, wird das Reden meist schwieriger. Jetzt bemerkt sie jedes »Äh« bereits während ihres Wortbeitrages besonders deutlich und gerät dadurch kurz ins Stocken oder sie fällt nach einem »Äh« ganz aus ihrem Redekonzept.

Das Sprechen des »Ähs« und anderer Zwischenlaute ist eine Angewohnheit, die durchaus einen Sinn haben kann. Möglicherweise dienen diese Zwischenlaute dazu, einen ununterbrochenen Redefluss herzustellen. Frauen (und auch Männer), denen oft das Wort abgeschnitten wurde oder denen nicht bis zum Schluss zugehört wurde, neigen zu einer angespannten und gehetzten Sprechweise. Sie wollen schnell alles loswerden, was sie zu sagen haben, bevor ihnen jemand ins Wort fällt. Und während sie zwischen den Worten kurz überlegen, signalisiert das »Äh«, dass sie noch nicht fertig sind.

Der Abbau von inneren Vorschriften und Verboten trägt ganz wesentlich dazu bei, dass die Sprechweise ruhiger, weniger hastig wird. Wenn die Rednerin es sich erlaubt, während ihres Wortbeitrages in Ruhe nachzudenken, sich und dem Publikum Pausen zu gönnen, dann nehmen die Zwischenlaute meist ganz von selbst ab.

Ersetzen Sie das »Äh« durch eine Sprechpause.

Für Frauen ist darüber hinaus auch noch wichtig, dass sie ihr Rederecht verteidigen und sich gegen Unterbrecher zur Wehr setzen können. Bei häufigem Unterbrechen: Werden Sie energisch. Schauen Sie die unterbrechende Person direkt an. Signalisieren Sie mit Ihrer (Körper-)Sprache: »Halt STOPP, ich bin noch nicht fertig!«, »Moment mal« oder »Bitte lassen Sie mich meinen Faden zu Ende führen« und sichern Sie sich Ihren Rede-Raum. Auch dies lässt sich gut im Alltag oder in einem Training üben.

Stecken bleiben und den Faden verlieren

Falls eine Rede nicht Wort für Wort abgelesen, sondern frei gesprochen wird, kann es passieren, dass die Anschlüsse zwischen den Gedanken und Sätzen nicht gleich perfekt passen. Auch ein noch so ausgefeiltes Manuskript ist kein Schutz davor, bei einer freien Rede nicht doch den Faden zu verlieren. (Allerdings gibt es Redemanuskripte, die eher hilfreich sind, und solche, die einen eher verwirren. Hinweise für ein hilfreiches Manuskript finden Sie im vierten Kapitel, *Selbstsicher überzeugen: Hilfen, Tipps und Techniken*.)

Eine freie Rede, die nicht abgelesen wird, ist wie eine Wanderung in einer riesigen Landschaft. Das Steckenbleiben kann dann wie ein kurzes Stillstehen sein, um sich auf der Wanderkarte neu zu orientieren und vielleicht auch die Richtung zu ändern. Warum wird aber das Steckenbleiben während der Rede so sehr gefürchtet?

Wenn der Faden gerissen ist: Erlauben Sie sich, sich neu zu orientieren.

Es ist eben dieser kurze und oft als lang empfundene Moment der Orientierungslosigkeit. Das Steckenbleiben während eines Vortrages haben wir nicht im Griff. Der Faden reißt einfach – ob wir es wollen oder nicht. So entsteht das Gefühl, hilflos ausgeliefert zu sein und die Kontrolle zu verlieren.

Hinzu kommen die negativen Bewertungen, die der Fadenriss bei vielen hat: Steckenbleiben ist ein Fehler, ein Versagen und ein Zeichen von Nervosität, Angst und/oder Dummheit. Vieles davon stammt aus der Schulzeit. Der Lehrer stellte eine Frage an die Schüler und Schülerinnen, die dann vielleicht hilflos eine Antwort herausstotterten. Oder die Erinnerung taucht auf, wie es war, als Einzelne vor der ganzen Klasse an der Tafel etwas erläutern zu sollen und dann mittendrin einfach nichts mehr zu wissen. Solche blamierenden Schulerlebnisse tragen viele noch als Erwachsene in sich, und so manche Vortragssituation erinnert dann daran, wie es damals war: Das Gehirn ist wie leer gefegt und das höhnische Gelächter der Mitschüler klingt schrill im Ohr. Damals war das Steckenbleiben mit beißendem Spott, schlechten Zensuren oder einfach peinlichen Gefühlen verbunden. Und manche fürchten eben dies auch heute noch, wenn sie während einer Rede ins Stocken kommen.

Hinzu kommt, dass viele ein falsches Idealbild einer Rede vor Augen (und Ohren) haben. Eine ideale Rede ist für sie ein Strom von Worten, der möglichst ununterbrochen fließend dahinplätschert.

Tatsächlich aber ist eine spannende und wirkungsvolle Rede eher wie ein Wind, der mit unterschiedlicher Heftigkeit weht. Mal ist es mehr ein brausender Sturm und mal ein laues Lüftchen. Zwischendurch herrscht hin und wieder Windstille. Die Pause, die Unterbrechung in der Rede ist kein Fehler, sondern eher die nötige Windstille, durch die Kontrast und Spannung im Vortrag erzeugt werden. Das Innehalten, das Schweigen während der Rede ist also kein Versagen, sondern vielmehr ein Mittel der Dramaturgie.

In einer guten Rede wechseln die Windstärken.

Erst die innere Vorschrift »Ich darf nicht stecken bleiben!« lässt das Reißen des Redefadens zum Problem werden. Die Angst davor und der Zwang, genau das zu vermeiden, lassen das kurze Nicht-weiter-Wissen während des Sprechens zu einer inneren Panik ausufern und sozusagen auf die innere »Wanderkarte« blicken (»Wo war ich grad, wo will ich hin?«).

Statt in Ruhe einen Anknüpfungspunkt zu suchen, setzt die Rednerin mit dem Gedanken »O schrecklich, jetzt weiß ich nicht weiter!« das Angstkarussell in Gang. Mit Angst im Kopf und im Herzen fällt ihr natürlich erst recht nichts ein. Und so wird schnell aus einem kleinen Fadenriss ein völliges Blackout. Das Karussell dreht sich nun schneller und schneller. Scheinbar geht nichts mehr.

Im Zustand des Blockiertseins sind selbst gut gemeinte Tipps wie »Tief durchatmen!« wie weggefegt. Das Einzige, was hier wirklich hilft, ist die Lösung der Blockade durch Zulassen von dem, was gerade ist: »Okay. Der Faden ist gerissen.« Punkt. Und dann fällt einem meist auch ganz ohne Tipp und Trick wieder ein, wie der Redebeitrag weitergehen kann. Zum Vorbeugen empfehlen wir Ihnen die Focusing-Übung auf S. 109.

Wenn die Furcht vor dem Steckenbleiben abnimmt, ändert sich meist auch das gesamte Sprechverhalten. Durch die Angst, den Faden zu verlieren, versuchen viele schnell zu sprechen, um möglichst zügig mit ihrem Beitrag fertig zu werden. Die ganze Rede wird hastig abgespult, um ja nicht abgelenkt zu werden und aus dem Konzept zu kommen. Wenn das Fadenverlieren kein Problem mehr ist, dann reden die meisten sehr viel langsamer und lebendiger. Sie nehmen sich Zeit, während des Vortrags nachzudenken und auch mal Kontakt mit dem Publikum aufzunehmen. Übrigens: Nutzen Sie Ihren Fadenriss, um die Zuhörer einzubeziehen und zu aktivieren. Bitten Sie um Hilfe: »Wo war ich stehen geblieben?«, wenn Sie Ihre »Wanderkarte« nicht finden.

Nutzen Sie Fadenrisse, um mit dem Publikum in Kontakt zu kommen.

Damit die Teilnehmerinnen in unseren Trainings einen gelassenen Umgang mit ihren Blackouts lernen können, haben wir eine Übung entwickelt, um Fadenrisse zu provozieren: Während eines Vortrages werden der Rednerin auf Papptafeln Worte gezeigt, die sie sinnvoll in ihren Redefluss einbauen soll. Worte wie »Ketchup«, »Weihnachtsfeier« oder »Trendsetter« kreativ in einen Vortrag zu integrieren kann schon ganz schön aus dem Konzept bringen. In Ruhe den eigenen Faden wieder zu finden ist das Ziel dieser Übung.

Zwischenrufe und Angriffe aus dem Publikum

Freundliches Lächeln, Kopfnicken und Applaus, das wünschen wir uns als Reaktion aus dem Publikum. Was aber, wenn die Zustimmung ausbleibt und die einzige Antwort der Zuhörenden eisiges Schweigen oder sogar ganz offene Ablehnung ist?

> »Am meisten Angst habe ich davor, dass ich eine Abfuhr erhalte. Wenn ich spreche und die Leute dabei genervt die Augen

verdrehen, dann verunsichert mich das sofort. Das Schlimmste, was ich mir vorstellen kann, ist es ausgepfiffen zu werden oder dass die Leute rufen: ›Aufhören!‹«

Das berichtete eine Frau, die seit ein paar Jahren in der Kommunalpolitik aktiv ist. Sie erzählte weiter:

»Wenn ich vor Leuten rede, von denen ich weiß, dass die meiner Meinung sind, bin ich zwar aufgeregt, aber ich hab dann keine große Angst. Sowie es aber Meinungsverschiedenheiten gibt, wie in Diskussionen oder Veranstaltungen – sofort schlottern mir die Knie und ich krieg kaum einen Ton raus.«

Es besteht ganz real die Möglichkeit, mit der eigenen Rede nicht nur Lorbeeren zu ernten, sondern auch Widerspruch und Ablehnung. Meist jedoch existiert der heftige Protest des Publikums nur in der Fantasie der Rednerin. Die Frauen, die sich davor fürchten, während ihrer Rede ausgebuht oder ausgepfiffen zu werden, haben das nur selten selbst erlebt. Aber allein die Vorstellung, dass so etwas passieren könnte, reicht bei vielen aus, um sich mit der Vorschrift »Ich muss ankommen! Ich darf von den Zuhörern nicht abgelehnt werden!« Angst zu machen.

Neben dem Abbau dieser Vorschrift bieten wir in unseren Trainings eine Übung an, bei der die Teilnehmerin während ihrer Rede deutliche Ablehnung von den Zuhörern erfährt. Den »Härtegrad« der Abfuhr bestimmt die jeweilige Teilnehmerin selbst. Das geht vom unmerklichen Kopfschütteln, Tuscheln und Flüstern im Publikum bis hin zu Lachen, Zwischenrufen und lautem Rausgehen während des Redebeitrags. Jede Teilnehmerin, die im Kreuzfeuer des Protestes steht, experimentiert während dieser Übung mit ihren eigenen Reaktionen. Welche Angriffe aus dem

Sie können lernen, Angriffen standzuhalten.

Publikum kann sie noch ignorieren, auf welche Weise kann sie reagieren und welche Ablehnungen treffen sie besonders hart? Manche haben bei dieser Übung für sich sehr nützliche Verteidigungsstrategien entwickelt oder haben festgestellt, dass ein gehöriger Angriff aus dem Publikum sie erst recht anstachelt und ihre Rede in Schwung bringt. Alle haben durch dieses Erlebnis der Ablehnung eine gemeinsame Erfahrung gemacht: Sie entdeckten, dass sie es durchaus aushalten können, angegriffen zu werden. Das hört sich zunächst seltsam an. Aber die meisten Frauen, die sich vor Ablehnung und Angriffen fürchten, glauben, dass sie es nicht ertragen könnten, wenn Menschen sie ablehnen. Nach der Übung stellten viele fest, dass die Abfuhr durch das Publikum nicht so verheerende Folgen für sie hatte, wie sie zuvor annahmen. Die meisten Frauen waren von ihrer eigenen Streitlust und Widerstandsfähigkeit überrascht. Dabei hat sich auch für viele herausgestellt, dass es kein allgemein »richtiges« oder »immer wirkungsvolles« Verhalten bei Ablehnung oder Angriffen gibt. Manchmal ist es für das Redethema und den äußeren Rahmen angemessener, einen Zwischenruf schlicht zu ignorieren. Es gibt allerdings auch Situationen, in denen es durchaus richtig und wichtig ist, auf einen Zwischenruf einzugehen oder Kontra zu geben.

Der Umgang mit Ablehnung und Angriffen hängt natürlich auch von der Persönlichkeit der jeweiligen Rednerin ab. Manche Frau hat in unseren Seminaren entdeckt, dass sie durchaus zu kleinen, leisen ironischen Bemerkungen während ihrer Rede fähig ist. Andere haben sich eher als Meisterin der Empörung und der lauten Zurechtweisung entpuppt. Auch hier gilt: Eine spontane und angemessene Reaktion auf Zwischenrufe und Angriffe kann sich erst entwickeln, wenn das Denken und besonders die Kreativität nicht mehr durch innere Verbote blockiert werden.

Redeangst von Frauen: Angst mit System

In diesem Kapitel werden wir der Frage nachgehen: Gibt es einen gemeinsamen »Nährboden« für die Entstehung von Redeangst bei Frauen?

Einen dieser »Nährböden« fanden wir in der Erziehung zum »Frausein«, der die Grundlage weiterer Stolpersteine darstellt:

- die innere Überzeugung, minderwertig zu sein
- der Perfektionismus
- der Drang nach äußerer Bestätigung

Neben diesem stark gesellschaftlich bedingten Hintergrund für Redeangst bei Frauen lassen sich auch sehr individuelle Erfahrungen finden, die häufig in der Kindheit begründet sind. Einige davon werden wir Ihnen unter der Überschrift »Leichen im Keller« vorstellen. Vielleicht finden Sie sich in der einen oder anderen Beschreibung wieder und kommen den Ursachen Ihrer eigenen Redeangst näher auf den Grund.

Das alte »Frauenkorsett«

Redeangst von Frauen betrachten wir zunächst einmal als ein gesellschaftliches und kulturelles Problem. Öffentliches Auftreten und Sprechen von Frauen ist historisch betrachtet eine recht junge Errungenschaft. »Das Weib schweige in der Gemeinde« scheint als biblischer Imperativ überholt, und doch sieht die Realität in Hörsälen, Konferenzräumen oder Vereinshäusern häufig aus, als würde diese Vorschrift weiterhin gelten.

Die Regeln, nach denen Frauen sich zu verhalten haben, sind bei jeder unterschiedlich tief »eingefleischt« und sitzen tiefer, als wir meist glauben. Einige von ihnen können Frauen beim Reden so in die Quere kommen, dass Reden zum Problem wird. Allen voran die Vorschrift »*Sei still und zurückhaltend!*« Ein braves Mädchen ist nicht vorlaut, weder »vor« noch »laut«. Ganz im Gegenteil: Es hält sich zurück und ist still.

Holen in einem Seminar zwei Frauen zur gleichen Zeit Luft, um das Wort zu ergreifen, kommt es meist zu dem »Nach-Ihnen-Effekt«: Beide schauen sich lächelnd an und sagen: »Mach du.«, »Nein, nein, sag du!« Nur nicht vordrängeln! Diese Regel sitzt bei vielen tief. Den anderen immer den Vortritt zu lassen hat **Frauen lassen zu häufig anderen den Vortritt.** häufig zur Folge, gar nicht mehr zu reden. So freundlich und höflich eine solche Haltung sein mag, so hinderlich ist sie, wenn daraus eine zwanghafte Vorschrift wird. Diese führt nämlich dazu, dass einige Frauen Diskussionen nur noch luftschnappend beiwohnen. Aus Angst, sich vorzudrängeln, Raum einzunehmen, sich »breit zu machen«, ziehen sie sich ganz zurück und schweigen.

Eine weitere Vorschrift, die Frauen das Reden schwer machen kann, ist »*Sei bescheiden!*«.

> **»Sei wie das Veilchen im Moose,**
> **sittsam, bescheiden und rein,**
> **und nicht wie die stolze Rose,**
> **die immer bewundert will sein!«**

Dieser Spruch aus dem Poesiealbum wird von vielen Frauen als »alte Kamelle« in die Zeit unserer Großmütter verfrachtet. Und doch lässt sich nicht leugnen, wie aktuell sein

Gebot auch heute noch ist: Frauen tun sich schwer, von ihren Fähigkeiten und Kompetenzen zu berichten. Wen wundert's, dass eine der schwersten Übungen in unseren Trainings die ist, drei Minuten lang nur positiv über sich zu reden.

Bei dieser Übung geht es nicht darum, zu übertreiben, aufzuschneiden oder gar den »starken Mann« zu markieren, sondern von den eigenen, tatsächlich vorhandenen Fähigkeiten zu berichten. Nicht mehr und nicht weniger. Und trotzdem, die Übung wird meistens als peinlich empfunden: Sich selbst wertzuschätzen und dieses auch noch frei heraus zu äußern grenzt für viele Frauen an Hochmut. (Und der ist schlimm und kommt bekanntlich vor dem Fall.)

So sind Frauen eher Meisterinnen, sich klein zu machen, ihr Licht unter den Scheffel zu stellen, ihre Kompetenzen herunterzuspielen, als dass sie Lust daran empfinden, sich in gutem Licht zu zeigen.

Diese Vorschrift der Bescheidenheit verbaut häufig die Erfahrung, sich vor anderen als kompetent zu zeigen, und verbietet gleichzeitig den Genuss des eigenen Erfolges.

Stellen Sie Ihr Licht nicht unter den Scheffel.

Redebeiträge werden dann häufig mit einer Entschuldigung eingeleitet (»Leider bin ich keine sehr geübte Rednerin ...«) und mit einer Verkleinerung beendet (»Ja, mehr hab ich nicht zu sagen, das war's«). Der mögliche Applaus wird zudem durch schnelle Flucht vom Rednerinnenpult verkürzt. Denn Frauen fürchten nicht nur mögliche »Buh«-Rufe nach einer Rede, sondern sind fast ebenso peinlich berührt, wenn ihnen tosender Beifall entgegenkommt, denn das verletzt die Bescheidenheitsvorschrift: Applaus entgegenzunehmen, den eigenen Erfolg auszukosten, sich selber auch einmal auf die Schultern zu klopfen ist verboten. Diese »falsche Bescheidenheit« führt nicht selten zu der Erfahrung, nicht ernst genommen zu werden, und verstärkt so im doppelten Sinne das eigene Misserfolgsgefühl.

Eine weitere frauenspezifische Vorschrift, die im Redeverhalten von Frauen sichtbar wird, ist »*Pass dich an und sei unterstützend.*« So gehört es eher zur Frauenrolle, verständnisvoll zuzuhören, beizupflichten, anderen »nach dem Mund« zu reden oder Fragen zu stellen, als offensiv eine eigene Meinung zu vertreten. Dies kann sich so weitgehend auswirken, dass Frauen gänzlich verlernen, eine eigene Meinung zu entwickeln, geschweige denn zu ihr zu stehen oder sie gegenüber anderen zu behaupten. Eine Frau beschrieb dies treffend: »Ich weiß nicht, was ich will, ich habe jahrelang nichts anderes getan, als Efeu um meinen Mann zu ranken.«

Eine Konferenz ist kein Schönheitswettbewerb.

Neben geschlechtsspezifischen Vorschriften, die sich auf Zurückhaltung, Bescheidenheit und Anpassung beziehen, spielt noch eine weitere wesentliche Vorschrift bei der Entstehung von Redeangst eine Rolle: *Eine Frau muss schön sein!* Schönheit meint das, was wir alle gelernt haben: Idealmaße, Idealgewicht, Lächeln und die neueste Mode aus den Frauenjournalen.

Öffentliches Sprechen ist meistens damit verbunden, von vielen oder aber wenigen wichtigen Männern gesehen zu werden. Und genau das ist für viele Frauen das Schlimme: gesehen und beurteilt zu werden, und zwar zuerst nach dem äußeren Erscheinungsbild und erst später nach dem Inhalt des Redebeitrages. Diese Erfahrung haben Frauen, die öffentlich sprechen, zur Genüge. Die Videoaufnahmen, die wir in unseren Seminaren machten, brachten den Kern der Redeangst einiger Frauen ans Licht: »Ich darf nicht sprechen, weil ich hässlich bin«, »weil ich zu dick bin«, »weil meine Zähne zu weit vorstehen.« Redeangst entpuppt sich bei genauerem Hinsehen bei einer Reihe von Frauen als Angst, sich zu zeigen, weil sie nicht dem gängigen Schönheitsideal entsprechen oder dies zumindest meinen.

Die Erziehung zum Frausein stellt sich bei vielen redeängstlichen Frauen als die Hauptursache ihrer Unsicherheit dar. Auch wenn das traditionelle »Frauenkorsett« sich in den letzten Jahrzehnten um einiges gelockert hat, hat es bei Frauen mehr oder weniger sichtbare Einschnürungen hinterlassen. Wir leben in einer Gesellschaft, in der männliche Werte wie Stärke, Durchsetzungsfähigkeit, Erfolgszwang usw. vorherrschen und die Frauen minder bewertet. Diese äußere Herabsetzung tragen viele als »verinnerlichte Frauenverachtung« in sich selbst, und sie ist häufig Ursache einer grundlegenden Unsicherheit, die wir im Folgenden als weiteren »Nährboden« für Redeangst beschreiben.

Die innere Überzeugung, minderwertig zu sein

Redeangst ist häufig mit der Angst verbunden, im Mittelpunkt zu stehen, wie wir es im vorigen Kapitel bereits erwähnt haben. Bei näherer Betrachtung dieser Szene und der mit ihr verbundenen Befürchtungen berichteten die Frauen häufig von Gefühlen wie: von Blicken durchbohrt oder ausgezogen zu werden, nackt dazustehen, völlig schutzlos und ausgeliefert, und alle könnten einem bis auf den Grund schauen. Das, was dann zum Vorschein kommen könnte, ist meist ein kleines, unzulängliches, dummes und hässliches Wesen, das vor allen versteckt werden muss, wie es das folgende Zitat beschreibt: »Ich habe Angst, unbedeutend zu sein, nichts wert zu sein. Angst, dass es ans Licht kommt, wie klein, blöd, dumm und bescheuert ich bin.«

Redeangst zeigt sich hier als Ausdruck allgemeiner innerer Verunsicherung. Unsicherheit dem eigenen Wert, der eigenen Stärke und Wirkung gegenüber. Uns erstaunt, wie viele Frauen mit dieser »verinnerlichten Frauenverachtung« leben, mit der Überzeugung minderwertig zu sein. Viele Teilnehmerinnen von Rhetoriktrainings sind nach außen hin selbstbewusst wirkende, kompetente Frauen. Doch im Inneren sterben sie »tausend Tode« und ihr geringes Selbstwertgefühl scheint in ständiger Gefahr, entlarvt zu werden. Eine erfolgreiche Frau drückte dies in einem Beratungsgespräch so aus:

»Verinnerlichte Frauenverachtung« wirkt wie ein zu enges Korsett.

> »Die anderen sind klüger als ich, und wenn ich beim Sprechen nicht aufpasse, dann merken die auch noch, dass ich dumm bin. Ich bin dümmer als die anderen, ganz klar. Ich hab gedacht, wenn ich das jetzt fühle: Ich bin dümmer als die anderen, dann find ich das vielleicht traurig, aber da ist gar nichts dran, es ist nichts dran zu rütteln. Die Tatsache an sich ist ganz klar. Aber sie dürfen das nicht merken.«

So sind viele Frauen damit beschäftigt, diesen als wertlos empfundenen Persönlichkeitsteil zu verstecken. Die zentrale Vorschrift »Es darf nicht ans Licht kommen, dass ich minderwertig bin!« wird durch viele weitere Verbote untermauert, wie: Ich darf nicht

– unsicher wirken
– rot werden
– etwas Falsches sagen
– nachfragen.

Das Verbergen kann soweit führen, dass die Betreffende regelrecht unsichtbar und unhörbar wird und wie mit einem Tarnmantel durch die Welt läuft. Eine Frau war so tief in diesen Prozess verstrickt, dass sie vermied, überhaupt etwas auszudrücken: Sie schwieg seit Jahren, trug nur unauffällige oder schwarze Kleidung und hatte einen leblosen Gesichtsausdruck. All diese Strategien sollten dazu beitragen, ihr inneres, verletzliches Selbst zu schützen, nach dem Motto »Wenn ich mich *nicht* verhalte, kann ich mich auch nicht falsch verhalten.«

Häufig hören wir am Ende unserer Workshops: »Am Anfang dachte ich, ich bin hier die Einzige mit Redeangst, die anderen sind alle falsch hier.« Dieses Phänomen entsteht aus der eigenen Unsicherheit, es macht alle anderen zu den Kompetenten und einen selbst zu der einzigen Versagerin. Sich selbst beäugt man extrem kritisch und fällt innerlich sowieso gnadenlos durch. So können viele Frauen gar nicht glauben, dass sie es sind, wenn sie sich das erste Mal auf Video sehen. Eine Frau schrieb: »… Das Überwältigendste war, mich zu sehen. Diese charmante Frau auf dem Video, die so frei und ohne Füllworte sprach, mit Pausen und direktem Blick ins Publikum, war mir völlig fremd.«

»Es darf nicht ans Licht kommen, dass ich in Wirklichkeit dumm bin.«

So fällt es einigen schwer, das minderwertige Selbstbild gegen das tatsächliche, reale Bild einzutauschen. »Das kann ich doch gar nicht sein«, sagte eine Frau, nachdem sie eine Videoaufzeichnung gesehen hatte. »Meine Freundin sagt mir auch immer, ich würde nach außen gar nicht katastrophal wirken, bloß der hab ich nie geglaubt, ich dachte, sie wolle mich nur schonen.« Häufig ist die Überzeugung, minderwertig zu sein, so hartnäckig, dass, wie im obigen Beispiel deutlich wird, selbst Lob und Ermutigung kaum eine Chance haben. Diese innere Einstellung zu sich selbst ist ein zentraler »Nährboden« für Redeangst, obgleich die nächste nicht minder zu ihr beiträgt:

Wir wirken äußerlich oft kompetenter, als wir uns innerlich fühlen.

Der Perfektionismus

Aus dem Gefühl der Minderwertigkeit entspringt nicht selten ein innerer Drang nach Perfektion. Innere Vorschriften sollen dazu dienen, die eigene, als unzulänglich bewertete Person in ein Idealbild zu verwandeln: Ich muss

- fehlerfrei sein
- immer locker sein
- etwas Besonderes sein
- alles wissen usw.

Es entsteht ein Zwang, hervorragend sein zu müssen, ohne Schwächen, einfach perfekt. So kann jeder kleinste Fehler zur Gefahr werden, da er das Halt gebende Gebäude der eigenen Perfektion zum Wanken bringen kann. Kleine Patzer verwandeln sich dann manchmal in große Katastrophen, wie es die folgende Frau ausdrückt: »Wenn die ersten Worte bei einem Vortrag nicht gleich einwandfrei und flüssig rauskommen, ist alles verpatzt – dann zieh ich den Rest nur noch durch, dass ich's schnell hinter mir habe.«

Angestrebt wird die totale Perfektion, hinter der die Hoffnung steht: Wenn ich perfekt (das heißt kompetent, gut, richtig, attraktiv usw.) bin, wäre ich akzeptabel, könnte dazugehören und alles wäre gut. Nur, dass es die Perfektion nicht gibt. Die Jagd nach der Vollkommenheit ist vergleichbar mit der Jagd des eigenen Schattens: Man hat sie stets vor Augen und wird sie dennoch nie erreichen, denn immer hätte es um einiges besser gehen können. So sind wir von vornherein zum Scheitern verurteilt: Da wir etwas erreichen wollen, was nicht zu erreichen ist, fühlen wir uns als Versagerin. Zu allem Übel passiert dieses Versagen ja nicht nur im inneren »Durchfallen«, sondern wird, wie wir schon im Vorangegangenen erläuterten, gera-

Der Zwang zur Perfektion ist wie die Jagd des eigenen Schattens.

de durch die extrem hohen Leistungsansprüche provoziert: Durch den inneren Druck ist das »reale Versagen« (das heißt etwa Blackout, Stottern, den Faden verlieren) meist vorprogrammiert und der Teufelskreis der eigenen Abwertung vertieft sich weiter: »Das nächste Mal müsste ich einfach noch besser vorbereitet sein/noch einen Rhetorik-Kurs besuchen, so blöd, wie ich mich anstelle …«

Ein weiterer Faktor, der sich aus den beiden eben genannten ergibt, ist:

Der Drang nach äußerer Bestätigung oder: Die Angst vor Liebesverlust

Frauen werden dazu erzogen, sich auf andere zu beziehen. Sie kümmern sich um Männer, Kinder und um pflegebedürftige Eltern und engagieren sich zudem oft in sozialen Berufen. Ihr Job ist es, für andere zu sorgen – auch in Gesprächen. Frauen haben, wie es die Sprachwissenschaftlerin Senta Trömel-Plötz beschrieben, einen »kooperativen Sprachstil«: Sie stellen Fragen, hören zu, schließen sich an andere an, bestätigen und suchen nach Bestätigung, fassen zusammen und unterbrechen höchst selten und wenn, dann dienen diese Unterbrechungen meist als Unterstützung. Die Frauenrolle gibt also eine »Beziehungssprache« vor, in der es darauf ankommt, andere zu verstehen und kooperativ Übereinstimmungen herzustellen. Meist ist die Atmosphäre dabei wichtiger als das Herstellen überlegener Positionen oder das Durchsetzen inhaltlicher Standpunkte. Fragt man Frauen, was ihnen daran Angst macht, ihre Meinung zu vertreten, ist die häufigste Antwort: Sie hätten Angst davor, abgelehnt zu werden. Das Schlimmste ist, von den anderen nicht mehr gemocht zu werden und genau dieses würde passieren, würden sie eine

Gehen Sie das Risiko ein sich durchzusetzen.

abweichende Meinung äußern, ihre kooperative Unterstützungsarbeit aufgeben und sich zum Mittelpunkt machen. Auf Kosten ihrer Selbstbehauptung und Unabhängigkeit ziehen es viele Frauen deshalb vor, sich den Regeln anderer anzupassen. Sie scheinen nur als Mensch wertvoll zu sein, wenn andere da sind, die dies bestätigen.

Durch diese Abhängigkeit von Beziehungen und äußerer Bestätigung leben redeängstliche Frauen in der Gefahr, dass ihnen durch einen abschätzigen Blick, durch ein kritisches Wort der Boden des eigenen Selbstwertes unter den Füßen weggezogen wird. Häufig haben sie deshalb feinste Antennen für die Wahrnehmung ihrer Umwelt und die von außen kommenden Signale.

Unser Radarsystem ist auf Anzeichen feinster Kritik geeicht.

Dieses »Radarsystem« ist extrem störanfällig, fängt bei kleinsten Anzeichen an, Alarm zu schlagen, und ist fatalerweise meist auf Versagen geeicht: »Ich scheitere schon, wenn jemand die Braue hebt. Da braucht's nicht viel, oder wenn jemand einen reservierten Eindruck macht, dann hab ich schon versagt. Deswegen scheitere ich ständig.«

So oder ähnlich bestätigen redeängstliche Frauen ihre innere Katastrophenvorstellung, nicht liebenswert zu sein. Hier schließt sich der Kreis, den eine Frau so beschreibt: »Ich glaube, das Schlimmste ist, wenn meine Leistungen nicht anerkannt werden. Ich darf nichts falsch machen, das hieße, zu versagen. Leistung ist bei mir ganz stark an Liebe gekoppelt. Ganz eng und nur darüber. Ohne Leistung bin ich nichts wert. Ich muss 150-prozentig sein, denn das Schlimmste ist: nicht geliebt zu werden.« Und genau darauf lassen sich ein Großteil der mit Redeangst zusammenhängenden inneren Vorschriften zurückführen.

Neben den bisher genannten »Nährböden« für Redeangst gibt es noch einen weiteren, der meist in der eigenen Kindheitsgeschichte zu finden ist:

Die »Leichen im Keller«

Hiermit meinen wir all die unangenehmen, peinlichen oder kränkenden Erlebnisse, die redeängstliche Frauen tief in ihrem Inneren mit sich herumtragen. Meist gut versteckt, gären sie vor sich hin und häufig ist es die Kindheit, »wo der Hund begraben ist«, wo die Ursachen von Redeangst zu finden sind. In unseren Beratungen und Trainings gruben wir einige dieser Erfahrungen wieder hervor, aus denen Frauen für ihr Leben gelernt hatten: gelernt, besser den Mund zu halten, lieber nichts mehr von sich zu berichten, sich nie wieder in den Mittelpunkt zu begeben usw.

So berichtete beispielsweise eine Frau, dass sie als kleines Mädchen »immer besonders sein musste«, mit Aufmerksamkeit überschüttet wurde und sich herausgeputzt zu präsentieren hatte, obwohl sie sich scheußlich unwohl dabei fühlte. Seitdem war ihr jede Situation verhasst, in der sie von anderen angeschaut wurde. Genauso gibt es Erlebnisse, die das genaue Gegenteil beinhalten. Eine Frau erzählte: »Ich sollte gar nicht da sein. Ich glaube, ich habe sehr früh gemerkt, dass ich unerwünscht und meinen Eltern eine Last war, und drum habe ich einfach so getan, als sei ich nicht da.« Jetzt, als Erwachsene, war es ihr weiterhin schwer, Raum einzunehmen, sich mit Wort und Körper »breit zu machen«. Die tief eingegrabene Vorschrift aus ihrer Kindheit »Ich muss so tun, als wäre ich nicht da« wirkte fort und blockierte sie beim öffentlichen Sprechen.

Eine Reihe anderer Beispiele kränkender Kindheits- und Jugenderfahrungen stammen aus der Schulzeit: vor der Klasse bloßgestellt, ausgelacht oder gedemütigt zu werden, Schikanen beim Vorsingen, Gedicht-Aufsagen oder »freien Sprechen«, welche einigen Frauen die Lust an öffentlichen Auftritten zunichte gemacht haben. Nie wieder vor einer Gruppe sprechen! Keinesfalls von mir persönlich erzählen! Bloß das Gefühl, »auf dem Präsentierteller zu stehen«, vermeiden! – das sind typische erlernte Vorschriften, die ihren Ursprung in blamablen Schulerfahrungen haben. Eine Türkin berichtete von ihren Erfahrungen, immer Außenseiterin in ihrer Klasse gewesen zu sein, und davon, wie sehr sie unter dem Gefühl von Einsamkeit und Fremdheit gelitten hatte. Um diesem inneren Konflikt zu entkommen, entwickelte sie die Vorschrift, sich um jeden Preis anzupassen: »Bloß nicht anders sein und dadurch auffallen!« wurde zu ihrem obersten Gebot und blockierte sie in all den Situationen, in denen sie sich mit einer anderen Meinung hätte hervortun wollen.

Kränkende Kindheitserfahrungen können Redehemmungen bewirken.

Eine andere Frau führte ihre Redeangst auf das Verhältnis zu ihrer Mutter zurück: Diese war eine bekannte Politikerin, die regelmäßig öffentlich im Fernsehen auftrat und beachtete Reden hielt. – »Niemals so werden wie meine Mutter!«, hatte sie sich schon früh vorgenommen, denn der Wunsch, sich mit ihr zu messen, war immer mit dem Gefühl verbunden gewesen, nicht an sie heranzureichen. Dass dies der Grund ihrer Redeangst war – die Gefahr, beim öffentlichen Sprechen an ihrer Mutter gemessen zu werden –, wurde ihr erst später klar.

Solche und andere individuelle »Leichen im Keller« gibt es unzählige: Erfahrungen, die verdrängt oder vergessen werden, weil sie unangenehm sind, die aber innerlich weitergären. Redeangst zeigt sich dann häufig als »Spitze des Eisberges«. Wenn Sie schmerzvolle Ereignisse oder solche, die Sie schon länger mit sich herumtragen, bearbeiten wollen, kann es sinnvoll sein, dies nicht alleine zu tun, sondern sich professionelle Hilfestellung zu holen. Auch wenn Sie spüren, dass Ihre Selbsthilfe auf Grenzen stößt, Sie sich bei der Bearbeitung Ihrer Probleme im Kreise drehen oder auf der Stelle treten, möchten wir Sie ermutigen, therapeutische Unterstützung zu suchen. Die Vorstellung, sich der eigenen »Leichen im Keller« anzunehmen, mag unangenehm erscheinen und doch lohnt sich dieser Schritt. Denn bei der Bearbeitung psychischer Verletzungen geht es nicht darum, alten Staub aufzuwirbeln, sondern den entstandenen »Wunden« die Chance zu geben, wirklich zu heilen. Eine Klientin beschrieb die Aufdeckung ihrer alten Erfahrungen so: »Dadurch, dass ich mir meine hermetisch abgeriegelte Gruft näher angeschaut habe, war es, als würde ich die Tür öffnen und Luft an die Leiche lassen, die da vor sich hin gärte. Und erst durch das Licht und die Luft konnte sie anfangen, richtig zu verwesen.«

Wie innere Vorschriften die Angst anheizen: Der Angstkreislauf

Sowohl die geschlechtsspezifische Erziehung und das daraus entstehende Minderwertigkeitsgefühl, der Perfektionismus und der Drang nach Bestätigung, als auch die eben beschriebenen kränkenden Kindheitserinnerungen können Grundlage für die Entstehung von Redeangst sein.

Wir möchten noch einmal verdeutlichen, wie der Prozess des »Sich-Vorschriften-Machens« die Redeangst verstärkt (siehe Abb. gegenüber).

Die im vorangegangenen Abschnitt beschriebenen »Nährböden« für Redeangst

- das alte »Frauenkorsett«
- die innere Überzeugung, minderwertig zu sein
- der Perfektionismus
- der Drang nach äußerer Bestätigung
- die »Leichen im Keller«

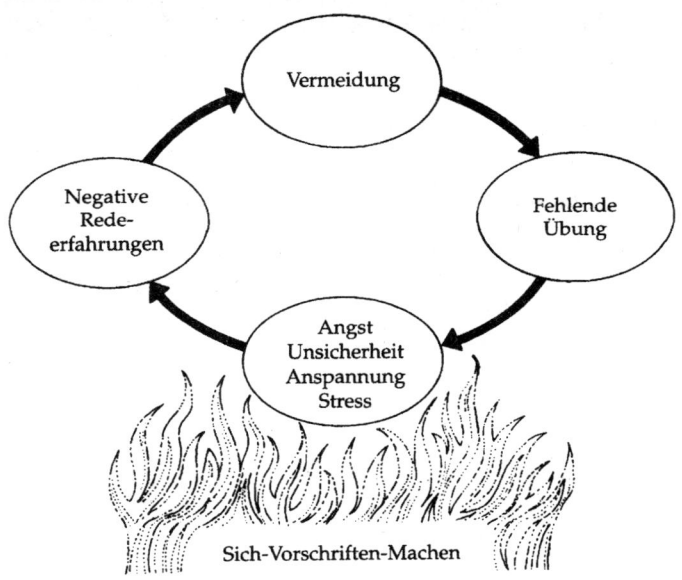

sind die Grundlagen für den Prozess, sich Vorschriften zu machen. In Situationen, in denen innere Vorschriften aktiviert werden, fängt das »innere Feuer« an zu lodern. Angst, Druck oder Unsicherheit flammen auf. Dieses Feuer kann einen Kreislauf der Redeangst in Gang setzen, wie einen Teufelskreis, der sich selbst verstärkt. Dies kann zum Beispiel folgendermaßen ablaufen:

Indem wir uns selbst Vorschriften machen, setzen wir uns innerlich unter Druck.

Dieser innere Druck, das Gefühl von Stress oder Angst, lässt uns angespannt sein und erhöht die Möglichkeit, beim Sprechen »ins Schleudern« zu kommen: Wir sammeln negative Redeerfahrungen wie rot werden, stottern, den Faden verlieren, Blackout usw.

Diese Erfahrungen können dazu führen, dass wir in Zukunft Redesituationen, die wir als Stress erfahren, vermeiden: Wir sind lieber still, drücken uns, überlassen das Reden besser anderen.

Vermeidung ist häufig die Ursache fehlender Übung. Wir »trainieren« das Sprechen seltener, machen weniger Erfahrungen und haben weniger Erfolgserlebnisse. Fehlende Übung trägt zu einer Verstärkung der Unsicherheit bei und führt dazu, dass Stress und Angst in Redesituationen zunehmen.

Durchbrechen Sie den Teufelskreis der Vermeidung.

Dieser Kreislauf der Angst verstärkt wiederum den inneren Prozess, sich selber Vorschriften zu machen (»Ich muss einfach mehr sagen«, »… endlich meine Angst loswerden«, »Ich darf mich nicht noch mal blamieren« usw.), sodass das ganze System sich selbst stabilisiert. Auf diese Weise tragen wir dazu bei, dass das Korsett enger wird, wir uns noch minderwertiger fühlen oder meinen, noch perfekter sein zu müssen. Wir fühlen uns verstärkt auf äußere Bestätigung angewiesen und vergraben unsere alten »Leichen« noch tiefer. Gibt es da einen »Notausgang«? Ja, genauso wie Sie dazu beitragen können, den eben beschriebenen Angstkreislauf anzufachen, können Sie dieses bleiben lassen. Fangen Sie damit an aufzuhören, sich Vorschriften zu machen (auch die Vorschrift »Ich darf mir keine Vorschriften mehr machen!« ist eine Vorschrift …).

Was könnte das heißen? Wenn Sie aufhören würden, sich Vorschriften zu machen, könnten Sie anfangen wahrzunehmen, was ist. Das könnte heißen, Abschied zu nehmen vom eigenen Wunschbild und bewusst der meist einfachen und alltäglichen Normalität der eigenen Existenz zu begegnen. Dies heißt auch, ein Risiko einzugehen, da es

Haben Sie sich gerne, so wie Sie sind.

die Wahrnehmung der eigenen realen Begrenztheiten, der tatsächlichen Misserfolge, Schwächen, Macken, Gewöhnlichkeiten und Unvollkommenheiten einschließt. Sich selber liebevoll wahrzunehmen mit allen Gefühlen, die dazugehören, wie Schmerz, Trauer, Scham, Wut, Verzweiflung, Hilflosigkeit usw., heißt, den Kontakt zu sich selber zurückzuerobern, sich der Lebendigkeit der Gefühlswelt zu stellen. Und es gehört zur Vielfalt des Lebens, dass eben nicht nur die schönen und angenehmen Gefühle dazugehören, sondern auch die, die wir normalerweise lieber nicht wahrnehmen wollen, allen voran die Angst. In dem Augenblick, wo wir uns der Wahrnehmung unserer eigenen Normalität wirklich stellen, wird klar, dass sich die Bewertungen von gut und schlecht auflösen und mit ihnen die selbst auferlegten Zwänge, anders zu sein, als wir sind, und die mit ihnen einhergehenden Verbote, nicht fühlen zu dürfen, was wir fühlen.

Wir möchten Sie ermutigen, das Wagnis einzugehen, Ihr selbst konstruiertes Korsett immer weiter aufzuschnüren und sich in Ihrer ganz eigenen Form und Fülle zu zeigen, so wie Sie sind.

Gelassenheit entwickeln: Lösungen und Übungen

Nachdem wir Ihnen in den vorangegangenen Kapiteln dargestellt haben, wie sich Redeangst zeigt, wie sie entsteht, was der Prozess des Sich-Imperierens auslöst und welche Imperative besonders Frauen betreffen können, möchten wir Ihnen im zweiten Teil dieses Buches praktische Hilfen anbieten, wie Sie Ihre Redeangst abbauen können.

Die meisten unserer Teilnehmerinnen wünschen sich einen Knopf, um ihre Redeangst abzustellen. Angst kann ein so lästiges und unangenehmes Gefühl sein, dass sie alles dafür tun würden, es loszuwerden: Kopfstand machen, Pillen schlucken oder eine Zauberformel murmeln, Hauptsache, es hilft. Dass es diesen Knopf nicht gibt, ist enttäuschend, und trotzdem gibt es eine Regel, die beim Angstabbau zu beachten ist:

Der Angst aus dem Wege zu gehen führt zur Verfestigung der Angst. – Der Angst zu begegnen führt zu ihrer Auflösung.

1. Der Angst aus dem Weg gehen

Der Angst aus dem Wege gehen heißt: Redesituationen zu vermeiden, nicht an ängstigende Situationen zu denken, lieber fernzusehen, die Angst zu ignorieren, sich gut zuzureden oder sich zusammenzureißen usw. Diese Alltagsstrategien schaffen für den Moment Erleichterung, das ist ihr Vorteil und darum sind den meisten diese Strategien so vertraut. Langfristig betrachtet stabilisieren sie die Angst, da sie die Angst nur umgehen, anstatt sie ursächlich zu verändern. In jeder neuen Situation benutzen wir deshalb diese Krücken wieder. Trotzdem können sie gerade wegen ihrer kurzfristigen Wirkung in bestimmten Situationen nützlich sein, anstatt sich z. B. in die Angst hineinzusteigern. Sie sind zu vergleichen mit einem Erste-Hilfe-Koffer, den ich für Notfälle dabeihabe, mit dem es aber weder möglich ist, wirklich zu heilen, noch Unfälle generell zu verhindern. Einige solcher Angst-Ausweichmanöver werden wir Ihnen im Anschluss an diese Übersicht vorstellen.

2. Rhetorisches Können

Eine weitere Möglichkeit, Angst zu mindern, ist die, sich gerade in diesen ängstigenden Situationen zu üben. Angst kann dann entstehen, wenn Sie das Gefühl haben, eine schwierige Situation nicht zu bewältigen, ihr nicht gewachsen zu sein. So liegt bei einigen Teilnehmerinnen unserer Trainings die eigentliche Ursache ihrer Redeangst daran, dass sie schlicht und ergreifend nicht wissen, wie sie vor einer Gruppe eine Rede halten können. Sie haben ein Übungsdefizit, weil sie sich bisher vielleicht vor Redesituationen lieber gedrückt haben. Für diese Frauen verringert sich der Angstpegel mit dem Ansteigen ihres Könnens und ihrer Kompetenz. Diese Erfahrung entsteht oft schon durch einige Übung und Vermittlung grundlegenden Rede-Know-hows. Hilfen, Tipps und Techniken, die wir in diesem Zusammenhang für sinnvoll erachten, werden wir Ihnen im vierten Kapitel vorstellen.

3. Der Angst begegnen

Redeangst hört häufig nicht automatisch auf, auch wenn Sie rhetorisch noch so fit sind. Das beweisen viele brillante Rednerinnen, die in unseren Trainings sitzen und trotz ihres Könnens Angst empfinden. Auch sie wünschen sich, ihre Angst nicht nur kurzzeitig, sondern langfristig abzubauen. Der Anfang ist aufzuhören, sich vorzuschreiben: »Die Angst muss weg!« Bei den Angst-Abbau-Methoden, die wir Ihnen vorstellen werden, geht es darum, der Angst zu begegnen: ihr ins Gesicht zu schauen, sie zu erforschen und zu erfühlen, sie wahrzunehmen, wie sie ist, sie auszuhalten, ohne sie wie bisher gewohnheitsmäßig wegzuschieben. Das heißt, sich in ängstigende Situationen zu begeben, anstatt sie zu vermeiden. Wie Sie diese Methoden, die Ihnen dabei helfen, lernen können, zeigen wir Ihnen schrittweise in dem Kapitel *Auf dem Weg zu mehr Gelassenheit*.

Hier noch einmal zusammenfassend eine Übersicht zu den drei eben beschriebenen Wegen zum Umgang mit der Angst:

Der Angst aus dem Weg gehen I	Rhetorisches Können: Hilfen, Tipps & Techniken II	Der Angst begegnen III
Vermeiden	Nervositätsbremsen	Die Angst begrüßen: Akzeptierende Wahrnehmung
– Angst auslösender Situationen – innerer Wahrnehmung durch:	Rede-Know-how	– in der Vorstellung – in der Realität
Ablenken Flüchten Sich zusammenreißen Beruhigen/Betäuben Positives Denken	Übung	Mit »Focusing« die inneren Vorschriften abbauen
Führt kurzfristig zur Erleichterung – langfristig wird die Angst verfestigt.	Führt zu mehr persönlicher Kompetenz, hilft praktisch in Redesituationen, kann zum Angstabbau beitragen.	Führt kurzfristig zum intensiveren Angsterleben – langfristig zum Angstabbau. Zunächst kann das Angsterleben steigen, langfristig nimmt es ab.

Der Angst aus dem Weg gehen

Wenn wir in unseren Seminaren die Teilnehmerinnen fragen, welche Strategien sie anwenden, um ihre Redeängste abzubauen, bekommen wir eine Palette von Methoden und Tricks präsentiert, die aus der unangenehmen Angst-Erfahrung jeder Einzelnen entstanden sind. Einige erzählen, dass die beste Methode gegen Angst einfach die sei, sich gar nicht erst in Redesituationen zu begeben. Andere berichten von ausgeklügelten Abwehrmanövern wie »Wenn ich rot werde, kneife ich mich ganz doll in die Hand, damit ich mich auf den Schmerz und nicht auf meinen roten Kopf konzentriere, dann lässt es von selbst wieder nach.« Oder »Ich denke dann immer: Daran stirbst du nicht, was auch immer passiert, du bleibst am Leben!« Einige Frauen bereiten sich aus Angst besonders gründlich vor, halten sich am Kugelschreiber fest oder stecken ihre zitternden Hände in die Hosentaschen. Andere empfehlen Beruhigungsmittel oder üben sich im positiven Denken (»Du bist prima, alle werden deinen Vortrag interessant finden, es wird einfach glatt laufen ...« usw.).

Auf die Frage, wie zufrieden sie mit ihren Strategien sind, um die Angst zu mildern, antworten die meisten: nicht besonders. Sie helfen für den Moment, sie sind besser als nichts, doch sie wären bei jedem neuen Anlass wieder nötig, weil sich an der Angst grundsätzlich nichts ändert.

Genau das trifft auf diese »Weglauf-Methoden« zu. Sie dienen einzig dazu, die Angst zu stoppen, jedenfalls kurzfristig, indem wir versuchen, sie zu vermeiden. Zuerst tritt auch eine spürbare Erleichterung ein, wir lenken uns ab, denken an etwas anderes, weichen angstvollen Situationen aus – doch langfristig ist es gerade dieses Vermeidungsverhalten, das Angst chronisch werden lässt: Mit jedem Vermeiden gräbt sich die Angst tiefer ein, wir zementieren sie sozusagen. Häufig kommt es dann zu der »Angst vor der Angst« – wir bekommen Angst davor, die Angst zu spüren, zum Beispiel körperlich, und empfinden das Erleben der Angst als die eigentliche Katastrophe. So kann das Vermeidungsverhalten die Angst stabilisieren und die Angst das Vermeidungsverhalten. Dieser Teufelskreis kann den Lebens- und Handlungsspielraum einer Person stark einschränken und nimmt die Chance, sich in den Angst auslösenden Situationen schrittweise auszuprobieren.

Mit jedem Vermeiden gräbt sich die Angst tiefer ein.

Das kurzfristige Erleichterungsgefühl, das bei diesen »Weglauf-Methoden« eintritt, zeigt sich übrigens nur im Anfangsstadium des Angstempfindens. Ist das Erleben der Angst bereits voll entfacht, haben die Strategien, die die Angst wegschieben sollen, sogar eher eine Angst steigernde Wirkung. Der Kampf gegen die Angst verstärkt den inneren Druck und heizt die Angst regelrecht mit an und die Gedanken »Ich darf nicht solche Angst haben – ich habe sie aber – ich darf sie aber nicht haben …« drehen sich angeheizt im Kreis. – Die Konsequenz ist, dass die Person nicht nur Angst empfindet, sondern zusätzlich mit sich in einem inneren Konflikt ist, der die Spannung weiter steigen lässt.

Noch einmal zusammengefasst: Der Angst aus dem Wege zu gehen kann kurzfristig erleichternd wirken, führt aber langfristig zur Verfestigung der Angst.

Einige solcher Strategien wollen wir Ihnen nun vorstellen. Dabei unterscheiden wir zwei verschiedene Wege, vor der Angst wegzulaufen:

1. Vermeidung Angst auslösender Situationen
2. Vermeidung der inneren Wahrnehmung von Angst

Vermeidung Angst auslösender Situationen

Am deutlichsten sind die Strategien, die das Reden ganz zu vermeiden versuchen:

- nicht auf Diskussionsveranstaltungen oder Partys gehen
- sich vor mündlichen Prüfungen drücken
- lieber alles schriftlich erledigen
- sich keine eigene Meinung bilden
- teilnahmslos in Mitarbeiterbesprechungen sitzen
- nicht mehr telefonieren
- den anderen den Raum durch Zuhören geben nach dem Motto »Reden ist silber, Schweigen ist gold«

Doch es gibt auch Vermeidungsverhalten, das auf den ersten Blick nicht gleich zu erkennen ist: Personen, die beim Reden an die Decke schauen, weil sie Angst vor Blickkontakt haben. Andere, die ihr Publikum totreden, um mögliche Fragen oder scharfer Kritik auszuweichen. Einige, die nichts mehr fürchten, als langweilig zu sein, und, um dies zu vermeiden, versuchen, besonders lebendig und witzig aufzutreten. Oder diejenigen, die sich 200-prozentig vorbereiten und noch die Nächte vorher die Rede bis zur Perfektion auswendig lernen, aus Angst, Fehler zu machen oder den Faden zu verlieren. Auch diese Strategien sind Angst-Ausweichmanöver, und diese Liste stellt nur eine kleine Auswahl der unzähligen Möglichkeiten dar, sich um Angstsituationen herumzudrücken.

Vermeiden der inneren Wahrnehmung von Angst

Es ist nicht nur möglich, äußerlich die Angst zu umgehen, sondern auch innerlich, indem das Angstgefühl durch Ignorieren, Ablenken, Flüchten, Betäuben usw. unterdrückt wird, wie die folgenden Beispiele zeigen:

Betäubungsmittel:

Durch Beruhigungstabletten, Nikotin, Alkohol oder Essen können Angstgefühle lahm gelegt werden. In älteren Büchern erfolgreicher Rhetoriklehrer lassen sich Empfehlungen folgender Art finden: »Trinken Sie vor Ihrem Auftritt einen kleinen Cognac!« Alkohol lockert bekanntlich die Zunge – und führt langfristig zur Abhängigkeit, wie alle Betäubungsmittel, indem die regelmäßige Einnahme das Gefühl vermittelt, es ohne diese Mittel nicht mehr schaffen zu können. Aber nur selten hat jemand im betäubten Zustand sein Publikum überzeugt.

Wenn Sie sich selbst betäuben, betäuben Sie auch Ihre Überzeugungskraft.

Ablenkung:

Statt an den morgigen Vortrag zu denken und sich zu erlauben, dabei Angst zu empfinden, lenken sich viele ab: Zeitung lesen, Fernsehen, an den nächsten Urlaub denken, die Wohnung putzen, Briefe schreiben usw. Auch dieses Vermeidungsverhalten empfiehlt das eben zitierte Rhetorikbuch zum Abbau von Redeangst: »Wenn Sie Ihr Thema beherrschen, versuchen Sie, sich selbst abzulenken, indem Sie auf andere Gedanken kommen.« Eine andere Rhetoriktrainerin empfiehlt, sich anstatt auf den Herzschlag auf die eigenen Fingerspitzen zu konzentrieren, und bietet hierfür gezielte Fingerschüttelübungen an, um sich die eigenen Fingerspitzen bewusst zu machen. Auch hier geht es darum, dem Angsterleben aus dem Wege zu gehen. Diese Strategien schaden wohl nicht, aber der Nutzen ist zweifelhaft.

Sich zusammenreißen:

Statt sich abzulenken, fangen einige an, innerlich mit sich zu schimpfen: »Das ist doch Quatsch, stell dich nicht so an, mach dir mal nicht ins Hemd …«

Sich vorzuschreiben, keine Angst haben zu dürfen, die Zähne zusammenzubeißen oder sich nicht so anzustellen, kann kurzfristig zu einer Unterdrückung des Angstgefühls führen, langfristig führt es zu einem Zusatzkonflikt: Neben der Angst macht sich auch noch der Ärger in uns breit, dass sich die Angst einfach nicht wegbefehlen lässt. Den »schönsten« Tipp in Rhetorikbüchern zum Abbau von Redeangst fanden wir unter dem Motto »Nie wieder nervös«: »Schritt 10: In jeder Situation die Fassung bewahren!« Na, dann mal los ...

Positives Denken:

Positives Denken ist eine gute Strategie, auf Erfolgskurs zu gehen. Wenn allerdings Zweifel und Angst dem Erfolgsdenken im Wege stehen, kann es zu einer »inneren Schleuderpartie« kommen. Zum Beispiel auf folgende Weise:

Statt sich innerlich zu beschimpfen, wählen einige die entgegengesetzte Strategie, sie nutzen positive Selbstbeschwörungsformeln, um das Angsterleben zu unterbrechen: »Es wird schon alles klappen«, »Ich werde frei und locker reden ohne Angst.«

Diese Selbstinstruktionen vermitteln für die Zeit, in der sie gedacht werden, das Gefühl, Kontrolle über die eigene Angst zu haben. Dabei ist weniger wichtig, was man zu sich sagt, als die Tatsache, dass man etwas sagt und dass man an die Wirkung dieser Formel glaubt. – Sie könnten beispielsweise auch »WUWEI,

Strategien, mit denen wir die Angst überlisten wollen, funktionieren auf Dauer nicht.

WUWEI« sagen, würden wir in der Lage sein, Ihnen eindringlich genug zu vermitteln, dass genau diese Formel Angst abbaut. Das, was wirkt und zu einem momentanen Nachlassen des Angstgefühls führt, ist die Tatsache, dass Sie in dem Moment, in dem Sie die Formel murmeln, aufhören, sich in die Angst hineinzusteigern. Sie hören auf, an sich zu zweifeln, sich Katastrophenvorstellungen auszumalen oder sich vorzuschreiben: »Es darf bloß nichts schief gehen.« Sie haben für kurze Zeit das Gefühl, Kontrolle über Ihre Angst zu haben, sie irgendwie im Griff zu haben. Das wirkt für den Moment erleichternd – aber das ist auch alles.

Auch wenn der Nutzen einiger Methoden angezweifelt werden kann, können sie tatsächlich kurzfristig Wirkung zeigen und das macht sie auch so beliebt. Doch allen Strategien nach dem Motto »Lampenfieber-Ex« ist erst einmal zu misstrauen. Angstabbau führt über den Weg der Angst. Die Wege, die um die Angst herumführen, berühren sie nicht, sondern lassen sie so, wie sie ist. Die Angst abzubauen heißt, ihr zu begegnen. Dazu möchten wir Sie im nächsten Kapitel ermutigen – Schritt für Schritt.

Auf dem Weg zu mehr Gelassenheit: Der Angst begegnen

In diesem Kapitel stellen wir Ihnen unseren Ansatz, Ihrer Angst auf die Spur zu kommen, sie freundlich zu begrüßen und allmählich abzubauen, vor.

Wie im Vorangegangenen gezeigt, entsteht Redeangst dadurch, dass Sie sich vorschreiben, wie Sie selber, Ihr Redebeitrag oder aber Ihr Publikum sein müssen oder gerade nicht sein dürfen. Das Ziel ist aufzuhören, sich Vorschriften zu machen. Sie erreichen innerlich größere Ruhe und Gelassenheit, wenn Sie die äußeren Bedingungen, Ihre eigenen Gefühle und derzeitigen Fähigkeiten, so wie sie sind, lernen zu akzeptieren und wertzuschätzen. Dies ist eine Aufforderung und Ermutigung, sich persönliche Ziele zu setzen und diese mit aller Kraft anzustreben. In diesem Ansatz geht es zunächst darum, zu erkunden, wo Sie stehen und was Sie verändern wollen.

Beginnen Sie damit, Ihre Angst unter die Lupe zu nehmen:

– Welche Situationen lösen bei Ihnen Redeangst aus?
– Welche Vorschriften machen Sie sich in Redesituationen?
– Wie können Sie mit Ihren körperlichen Angstsymptomen umgehen?

Schließlich werden wir Ihnen »Focusing« vorstellen. Mit dieser Methode können Sie aufhören, sich durch innere Vorschriften selbst unter Druck zu setzen.

Beginnen wir mit den äußeren »Angstauslösern«.

Was Redeangst auslöst: Die Angstkulisse

Als Erstes möchten wir Sie einladen, Ihren äußeren »Angstauslösern« auf die Spur zu kommen. Häufig verallgemeinern besonders Frauen ihre Redehemmungen, indem sie beispielsweise sagen: »Ich bin eben eine stille, zurückhaltende Frau« oder »Ich kann mich einfach nicht ausdrücken.« Dieses negative Selbstbild paart sich mit dem Gedanken »Und daran kann man sowieso nichts ändern.« Bei genauerem Hinsehen stellen Sie fest, dass Ihre Redeangst mit bestimmten äußeren Bedingungen zusammenhängt. Zum Beispiel sind Sie beim Gespräch mit Ihrer Freundin auf dem Sofa eine sehr lebendige Erzählerin oder im Ehestreit mit Ihrem Mann können Sie sehr lautstark Kontra geben.

Oft stellen Teilnehmerinnen unserer Workshops bei der folgenden Übung fest, dass sie in bestimmten Situationen wider Erwarten keine Angst haben. Eine Teilnehmerin hatte auf einer Mitarbeiterfortbildung die Aufgabe bekommen, spontan ihre Kleingruppe zu moderieren und die Ergebnisse an einer Tafel der Großgruppe vorzustellen. Hätte ihr der Leiter diese Moderationsaufgabe bereits am Morgen gegeben, hätte sie genug

Nehmen Sie Ihre Angst unter die Lupe.

Zeit gehabt, sich in ihre Angst hineinzusteigern. Eine andere Teilnehmerin berichtete von einer Mitarbeiterweihnachtsfeier, auf der plötzlich ein paar Kollegen sie drängten, dem Chef einige Worte der Anerkennung zu sagen. In den Agenturräumen, also auf dem Geschäftsparkett, war sie eine mit »allen Wassern gewaschene« Rhetorikerin. Aber in diesem persönlichen Rahmen der Feier verlor sie während des Sprechens alle Souveränität und wäre wegen ihres »Gestotters« am liebsten im Boden versunken. Etwas Persönliches zu sagen war für sie der »blanke Horror«.

Wie sieht Ihre Angstkulisse aus? In der folgenden Übung können Sie etwas darüber erfahren.

▶ Übung: »Die Angstkulisse«

Nehmen Sie sich etwas Zeit, machen Sie es sich bequem, schließen Sie, wenn Sie mögen, die Augen und erinnern Sie sich nacheinander an zwei Redesituationen:

1. Eine Redesituation, in der Sie sich wohl gefühlt haben, in der vielleicht sogar Genuss lag.
2. Eine Redesituation, die Ihnen Angst machte oder in der Sie sich unwohl, angespannt oder nervös fühlten.

Lassen Sie beide Situationen wie einen inneren Film ablaufen und nehmen Sie wahr, was sich alles mit ihnen verbindet. Folgende Fragen könnten Sie dabei anregen:

- Welche Situationen haben Sie sich ausgewählt?
  (Gruppengespräch?/Rede?/Diskussion?/Konfliktgespräch?/Private bzw. berufliche Situationen?/Prüfung?)
- Welche inneren Bilder tauchen auf?
  (Beteiligte Personen?/Anzahl?/Geschlecht?/Position?/Mimik?/Räumlichkeit?)
- Was können Sie hören?
  (Nebengeräusche?/Andere Stimmen?/Die eigene Stimme?)

- Welche Stimmung können Sie wahrnehmen?
  (Im Raum?/In sich selbst?/Bei den anderen?)
- Wie fühlen Sie sich gegenüber den beteiligten Personen?
  (Gleichberechtigt?/Gleichgültig?/Ablehnend?)
- Was wollen Sie mit Ihrem Redebeitrag erreichen?
  (Gesehen bzw. gehört werden?/überzeugen?/Beeindrucken?/Etwas bewirken?/Sich selbst behaupten?/ Kontakt herstellen?)
- In welchem Moment fühlen Sie sich am wohlsten bzw. unwohlsten?
  (Bevor Sie sprechen?/Währenddessen?/Im Nachhinein?/In einem bestimmten Moment?)
- Welche von diesen Bedingungen tragen zu Ihrer inneren Reaktion (Angst bzw. Lust) im Wesentlichen bei?

Vielleicht ist es Ihnen möglich, durch diese genauere Betrachtung Bedingungen herauszukristallisieren, die dazu führen, dass Sie sich in bestimmten Redesituationen unwohl fühlen, in anderen hingegen gelassen. Welche Faktoren zur Angst beitragen, also, wie die Kulissen für die Redeangst aussehen, ist individuell sehr verschieden.

Lassen Sie uns von den äußeren, Angst auslösenden Bedingungen einen Schritt weiter nach innen gehen und wahrnehmen, was in solchen »stressigen« Momenten innerlich passiert. Wir möchten Sie im Folgenden mit der Methode des »Lauten Denkens« vertraut machen, mit der es möglich ist, sich eigene Gedanken, Einstellungen oder Bewertungen bewusst zu machen.

Der innere Kommentar: Gedanken, die Rednerinnen unter Druck setzen

Ohne dass wir es bewusst wahrnehmen, läuft in uns meist ein vor sich hin plätschernder Gedankenstrom ab, ein innerer Kommentar, der selbst in alltäglichen Situationen wie Hintergrundgemurmel das eigene Handeln begleitet. Während ich dies schreibe, hört es sich so in mir an: »Der Stift hat eine komische Rille – genau wie meine Zahnbürste –, heute sind die Flugzeuge aber wieder laut – kann man das sagen: ›Ein Strom läuft ab‹? – O Gott, schon drei Uhr – warum bringe ich die Worte nicht schneller aufs Papier ...«

Teilweise sind es banale, assoziative, unwichtige Gedanken – teilweise sehr aufschlussreiche und zentrale innere Sätze, Vorschriften, die bei der Entstehung von Angst eine zentrale Rolle spielen.

Die folgende Übung dient dazu, den eigenen gedanklichen Vorgängen und den darin enthaltenen Vorschriften auf die Spur zu kommen:

▶ Übung: »Laut gedacht«

Versetzen Sie sich noch einmal in eine für Sie unangenehme Redesituation – vielleicht nehmen Sie dieselbe wie bei der vorigen Übung, vielleicht eine aktuelle, die Ihnen noch im Gedächtnis präsent ist. Lassen Sie sie wie einen Film vor Ihrem inneren Auge ablaufen und halten Sie den Film genau an der Stelle an, wo Sie Ihre Angst bzw. Ihr Unbehagen am deutlichsten spüren. Nun gehen Sie mit Ihrer Aufmerksamkeit einmal in Ihren Kopf: Was melden sich dort für innere Sätze? Hören Sie einmal Ihrem inneren Gedankenkommentar zu, der gleichzeitig in Ihnen abläuft, und schreiben Sie die Sätze, ohne sie zu bewerten, so wie sie kommen, auf ein Blatt Papier, selbst wenn Sie sie belanglos, peinlich oder absurd finden.

Wie in Kapitel zwei bereits beschrieben wurde, können Sie anhand sprachlicher Merkmale erkennen, wann Sie sich etwas imperieren. Neben den deutlichen Formulierungen wie »müsste«, »sollte«, »darf nicht« gibt es weitere Merkmale, die auf Imperative hinweisen. Anhand der folgenden Aufzählung können Sie Ihr Protokoll des vorangegangenen Experiments »Laut gedacht« auf solche Formulierungen hin untersuchen:

So erkennen Sie Ihre Vorschriften

- *Formulierungen mit Absolutheitscharakter:*
  »unbedingt«, »absolut«, »keinesfalls«, »total« usw.
  Zum Beispiel:
  »Heute muss ich *unbedingt* mal wieder den Mund aufmachen!«
  »Bei meinem Vortrag ist ja *absolut* gar nichts rübergekommen!«
  »Dieser störende Miesmacher hat ja *total* wenig Ahnung!«

- *Verallgemeinerungen:*
  »immer«, »alle«, »keiner«, »nie« usw.
  Zum Beispiel:
  »*Immer* muss der Chef dazwischenreden!«
  »*Nie* werde ich gebeten, die Präsentation zu leiten!«
  »*Keiner* hat mir wirklich zugehört!«

Bei diesen beiden Kategorien sprachlicher Indikatoren ist bei der Auswertung zu beachten, dass nicht jede Aussage, die eine Verallgemeinerung beinhaltet, zwangsläufig auch eine Vorschrift ist, zum Beispiel: »Alle Studenten müssen eine Prüfung bestehen, um ein Diplom zu bekommen.«

In diesem Fall wird lediglich ein bestimmter Sachverhalt festgestellt.

- *Stark negativ wertende Adjektive:*
  »schlimm«, »grässlich«, »katastrophal«, »furchtbar« usw.
  Zum Beispiel:
  »Oh, es wäre wirklich *furchtbar,* wenn ich morgen beim Vortrag wieder meine Stotteranfälle bekomme!«
  »*Schlimm,* dass die immer miteinander tuscheln müssen!«
  »Hauptsache, ich vergesse diesen *katastrophalen* Auftritt von heute schnell!«

- *Religiöse Flüche:*
  »Um Gottes willen«, »Zum Teufel«, »Himmelherrgott« usw.
  Zum Beispiel:
  »*O Gott*, kann der denn nicht mal langsamer sprechen!«
  »*Himmelherrgott*, wie hieß denn noch die Autorin dieses Buches!«

- *Schimpfworte:*
  »Mist«, »verdammt«, »Idiot« usw.
  Zum Beispiel:
  »Wenn ich diesen *Scheiß* erst mal geschafft habe!«
  »Diese *verdammten* Fremdworte, die ich nicht verstehe!«
  »Glaubt denn dieser *Idiot*, dass er das besser kann?!«

- *Sätze mit »hoffentlich ...«, hinter denen versteckte Befürchtungen stehen:*
  Zum Beispiel:
  »*Hoffentlich* kriege ich die Prüfung glatt über die Bühne!«
  »*Hoffentlich* stellen die nicht wieder so viele Zwischenfragen wie letztes Mal!«

- *Sätze, an die sich sinngemäß »... und das ist schlimm!« oder »... und das darf nicht sein!« anschließen lässt:*
  Zum Beispiel:
  »Bloß nicht rot werden! ... *das wäre schlimm*!«
  »Wahrscheinlich interessiert sich wieder keiner für mich! ... *und das wäre schlimm*!«
  »Wenn die erst mal merken, wie unsicher ich mich fühle – *ist das schlimm*!«

Sehr direkt stoßen Sie auf Ihre inneren Vorschriften, wenn Sie sich fragen: »Was ist das Schlimme in so einer Redesituation für mich?«

Bei der Auflösung der Angst geht es zunächst darum aufzudecken oder herauszuhören, wo Sie sich selber bestimmte Vorschriften machen oder in Gedankenschleifen gefangen sind. Im Weiteren stellen Sie dann fest, was Sie sich vorschreiben. An dieser Stelle möchten wir noch einmal an den Abschnitt »Eine innere Vorschrift jagt die andere« erinnern.

Wenn Sie verschiedene Vorschriften entdeckt haben, werden Sie feststellen, dass eine Vorschrift als solche noch nicht mit einem inneren »Schlimm-Gefühl« verbunden ist. Erst wenn in Ihrer Vorstellung oder gar in der Realität die Vorschrift verletzt werden könnte, löst das Angst oder sofort Panik aus. Wenn Sie sich also beispielsweise vor einer Vortragssituation vorschreiben »Nicht rot werden!« und gleichzeitig sich daran erinnern, dass Sie in Ihren letzten vier Vorträgen rot geworden sind, wird Ihr inneres Wissen um die Möglichkeit, dass es auch diesmal passieren kann, erste kleine Angstanzeichen in Ihnen auslösen. Oder wenn Sie sich damit unter Druck setzen, »auf alle Fälle souverän wirken zu müssen«, wird gleichzeitig die Möglichkeit bestehen, dass Sie nicht souverän wirken. Es gäbe kaum einen Grund, warum Sie es sich sonst vorschreiben würden.

Hieran wird auch deutlich, dass jeder positiv formulierte Imperativ (»Ich muss souverän sein!«, »Ich muss perfekt sein!«, »Ich muss auffallen!«, »Die anderen müssen mir zuhören!«) gleichzeitig seine Verneinung mit einschließt. Denn wenn ich souverän sein muss, darf es zugleich nicht sein, dass ich nicht souverän bin. Es darf auch nicht sein, dass ich nicht perfekt bin oder nicht auffalle oder die anderen mir nicht zuhören! So wird deutlich, dass auch hinter positiv formulierten Vorschriften ein Vermeidungsverhalten oder eine Konfliktumgehungsstrategie steckt: nämlich das Vermeiden des Schlimmen.

Zunächst werden wir Sie in die Methode des »Focusings« einführen. Verschiedene Übungen ermöglichen

Ihnen, die besondere Art und Weise und die Voraussetzungen der inneren Wahrnehmung des Focusings kennen zu lernen. Anschließend finden Sie dann aufeinander aufbauende Experimente, Übungen und Anleitungen, die die weitere Erforschung Ihrer Angst und ihre anschließende Auflösung ermöglichen.

Focusing: Der Stimme des Körpers folgen

Focusing ist eine Methode, mit liebevoller Akzeptanz sich selber zu begegnen. Es zeigt einen Weg, den eigenen Gefühlen der Angst, der Trauer, der Wut und der Freude »Hallo!« zu sagen, sie willkommen zu heißen, eben so, wie sie auftauchen. Sich selber auf seine Gefühle zu beziehen, überhaupt die eigenen Gefühle wahrzunehmen oder die Gefühlsflut zu bändigen, bereichert sehr viele unserer Workshopteilnehmerinnen an sich schon sehr. Sie empfinden es oft als ein Wiederentdecken und Neuerlernen einer verloren gegangenen Beziehung zu sich selbst. Focusing beschreibt, wie wir diese Fähigkeit, mit uns in Kontakt zu sein, lernen und kultivieren können. Gefühle nicht »nur« zu haben oder ihnen zu begegnen, sondern sie besser zu verstehen ist das eigentliche Ziel. Wenn wir Focusing als Methode zum Abbau von Redeangst einsetzen, bedeutet das, die Gefühle der Angst für wahr-zu-nehmen und sie zu erkunden, um sie besser zu verstehen. Das ermöglicht Vorschriften loszulassen, die uns abhalten, uns selber und manchmal auch unsere ganzen Lebensumstände so wahrzunehmen, wie sie sind. Oft genug schauen wir durch eine Brille, die wir uns selber nicht verordnet hätten. Wenn wir sie absetzen, sind wir meist in der Lage, freier und entschiedener zu handeln.

Der Philosoph und Psychotherapeut Eugene Gendlin ist der Begründer von Focusing. Anfang der 60er-Jahre hat er an der Universität von Chicago Forschungen zur Wirksamkeit verschiedener Therapieansätze durchgeführt. Die wissenschaftliche Erkenntnis war, dass erfolgreiche Therapie weder durch den Therapieansatz noch durch die Fähigkeit der einzelnen Therapeuten allein garantiert ist. Vielmehr spielt die Fähigkeit der Klienten, mit ihren eigenen Gefühlen, inneren Bildern und Empfindungen in Kontakt zu treten, eine ebenso herausragende Rolle. Aus diesen Forschungen entstand Focusing, um ebendiese Kompetenz, mit dem eigenen Erleben in Kontakt zu kommen, lehrbar zu machen.

Focusing unterstützt Sie, Ihre Gefühle besser zu verstehen, Probleme zu klären und Entscheidungen zu treffen. Sicher kennen Sie auch das Gefühl, im Familien- oder Freundeskreis ein Problem schon zigmal besprochen, geradezu durchgekaut zu haben. Eigentlich hat Sie das nur für den Moment beruhigt und erleichtert. Meistens ist es mehr die Tatsache, dass Sie eine Freundin oder Ihnen ansonsten nahe stehende Person haben, die bereit ist, Ihnen wirklich zuzuhören. Und das ist ja schon sehr viel wert! Eigentlich hat sich aber Ihr Problem, Ihr Gefühl oder Ihre Unentschiedenheit nicht verändert. Sie sind in Ihren Gedanken die meist schon sehr ausgetretenen Pfade oft gegangen. Ihre Erkenntnisse sind wahrscheinlich über das, was Sie sowieso schon wussten, nicht hinausgegangen. Wenn Sie nun Focusing ausprobieren, können Sie die Erfahrung machen, nicht mehr innerlich im Kreis zu laufen oder immer wieder in die Sackgasse hineinzugeraten. Mit Focusing finden Sie einen neuen Zugang zu Ihren Problemen und manchmal überraschende Lösungen. Dabei folgen Sie der Weisheit Ihres Körpers.

Das Zentrale im Focusing ist also nicht, wie üblich, das Problem von allen Seiten zu durchdenken und zu »zerkauen«, sondern für einen Moment damit aufzuhören und sich die Zeit zu nehmen, die Aufmerksamkeit nach innen in Ihren Körper zu wenden. Wenn Sie sich diese Ruhe gönnen, wird sich zu Ihrem Problem oder der Sache, auf die Sie in dieser besonderen Weise Ihre Aufmerksamkeit richten, ein anfangs vielleicht noch vages, nicht mit Worten benennbares Empfinden einstellen. Häufig wird dieses zunächst als diffuse Ahnung oder vage Atmosphäre (zum Beispiel als ziehend, drückend, zitternd, mulmig oder Ähnliches) im Bauch- und Brustraum wahrgenommen. Diese oft noch undeutlich wahrnehmbare Empfindung oder Qualität, die fühlbar oder auch innerlich sichtbar im Zusammenhang mit Ihrem Problem steht, hat Gendlin als »felt-sense« (gefühlte Bedeutung) bezeichnet.

An diese vage Empfindung, an den »felt-sense« können Sie nun Fragen richten, zum Beispiel: »Wie fühlt sich dieses ›Zittern‹ an?«, »Wo spüre ich dieses ›Drückende‹ am stärksten?«, »Was ist so ›mulmig‹ an dieser Sache?« usw. Mit ein wenig Geduld entstehen aus dieser ersten »Resonanz« auf Ihr Problem oder Thema Worte, Bilder oder Erinnerungen. Es braucht Zeit – vielleicht einige Minuten –, bis Sie diese innere Empfindung benennen können, ohne auf die Ihnen »im Kopf« schon bekannten und oft fertigen Gedanken zurückzugreifen und wieder in die alte Sackgasse zu geraten.

So entfalten sich häufig unbekannte oder verdrängte Aspekte und Qualitäten unseres Problems – oder wir erleben bewusst Gefühle, die wir für gewöhnlich eher umgehen. Gendlin hat einmal gesagt: »Focusing ist eine kleine Tür.« Durch diese Tür hindurch betreten wir einen inneren Erlebensraum, der oft neue Erfahrungen und Erkenntnisse mit sich selbst eröffnet.

Bevor wir nun mit weiteren Erklärungen der Methode fortfahren, möchten wir Ihnen an dieser Stelle die erste Gelegenheit bieten, Focusing praktisch auszuprobieren. Dabei haben wir in der nachfolgenden Übung ein Thema gewählt, das nicht mit Ihrer Redeangst im Zusammenhang steht. Es geht zunächst einmal darum, dass Sie eine Erfahrung mit Ihrem »felt-sense« machen können. Sie können den Unterschied erleben, was es heißt, über eine Sache nachzugrübeln oder aber *Focusing* zu machen.

Für diese wie auch für die nachfolgenden Anleitungen machen wir Ihnen den Vorschlag, den Text zunächst einmal als Ganzes durchzulesen. Danach können Sie dann abschnittsweise vorgehen. Eine andere gute Möglichkeit ist, die Anleitung mit einem Kassettenrekorder aufzunehmen, wobei es wichtig ist, langsam zu sprechen und Sprechpausen zu machen. Ein weiterer Vorschlag ist, diese Übung mit einer Freundin zu machen, die Ihnen in Ihrem Tempo die Anleitung vorliest. Probieren Sie aus, was für Sie der beste Weg ist, Focusing kennen zu lernen und Ihre Angst abzubauen.

➤ »Die Geburtstagsübung«

- Nehmen Sie sich für diese Übung ungefähr 15 Minuten Zeit.
- Beginnen Sie damit, es sich so bequem wie möglich zu machen, vielleicht in Ihrem Lieblingssessel, und kommen Sie ein wenig zur Ruhe, indem Sie die Augen schließen und für den Moment nichts weiter tun, als auf Ihren Atem zu achten. Erlauben Sie den Gedanken, die Ihnen jetzt möglicherweise durch den Kopf gehen, weiterzuziehen wie kleine weiße Wolken am Himmel, und nehmen Sie Ihren Atem wahr.
- Wo können Sie Ihren Atem spüren? Vielleicht merken Sie, wie die Luft durch Ihre Nase ein- und ausströmt und wie sich Ihre Bauchdecke hebt und senkt. Nehmen Sie wahr, wie Sie von alleine ein- und ausatmen, ohne dass Sie Ihren Atem beeinflussen. Bleiben Sie ruhig eine Zeit lang bei Ihrem Atemstrom und Ihrem Atemrhythmus.

  Wenn Sie sich innerlich ruhiger und entspannter fühlen, nehmen Sie zwei tiefe Atemzüge und folgen Sie unserer kleinen Focusing-Übung.
- Versuchen Sie einmal zu folgender Situation innerlich Kontakt aufzunehmen: Stellen Sie sich vor, heute ist Ihr Geburtstag. Lassen Sie Bilder,

Erinnerungen, Geräusche, Gefühle oder Körperempfindungen auftauchen, die sich mit »Geburtstag haben« für Sie verbinden. Nehmen Sie das wahr, was sich in Ihnen entfaltet. – Nehmen Sie sich Zeit mit Ihrer Aufmerksamkeit nach innen, in Ihren Bauch- und Brustraum zu lauschen, zu spüren, zu schauen. Warten Sie ab, wie in Ihnen eine Empfindung entsteht – vielleicht zunächst noch vage –, die »Geburtstag haben« als Ganzes beschreibt. Fragen Sie sich: »Wie ist es eigentlich für mich, Geburtstag zu haben? Wie fühlt sich diese ganz spezielle Stimmung in mir an?« – Lassen Sie sich Zeit, diese innere Atmosphäre zu spüren.

- Wenn Sie geduldig warten und sich nicht zu etwas Bestimmtem zwingen, können aus dem vagen Empfinden allmählich beschreibbar ein Bild oder Worte entstehen, die dazu passen.
- Sie können körperlich spüren, ob das Gefundene passt, so als ob Ihr ganzer Körper (und nicht der Kopf allein) »ja« sagt: »Ja, so ist es für mich, Geburtstag zu haben.«
- Es mag sein, dass Sie gerade jetzt zu dem Thema Geburtstag etwas gefunden haben, was Sie nicht erwartet hätten, was Sie erstaunt oder verwirrt. Versuchen Sie dieses Neue oder vielleicht auch das Altbekannte, das Sie soeben erfahren haben, anzunehmen und zu begrüßen: »So ist es.«
- Um dieses kleine Experiment abzuschließen, richten Sie Ihre Aufmerksamkeit wieder auf Ihren Atem und begleiten ihn eine für Sie angenehme Zeit lang.
- Spüren Sie wieder Ihren Körper, wie Sie dasitzen oder -liegen.
- Nehmen Sie sich so viel Zeit, wie Sie brauchen, bis Sie wieder die Augen öffnen und so langsam wieder von der inneren Wahrnehmung nach außen kommen.

Nach diesem Experiment, in dem Ihnen die Qualität eines Focusing-Prozesses im Gegensatz zum Analysieren einer Sache vielleicht schon deutlich wurde, wollen wir einen Schritt weitergehen.

Die Erfahrung, bewusst Gefühle zu erleben, wird im Focusing möglich. Gleichzeitig entscheiden Sie, wie viel Sie erfahren wollen, indem Sie Ihre innere Aufmerksamkeit auf Ihr Thema richten und »scharf stellen«.

Jetzt wollen wir Ihnen zeigen, wie Sie Focusing gezielt zur Auflösung Ihrer blockierenden oder stressenden inneren Vorschriften nutzen können. Wie kann ich also aufhören, mir innerlich Vorschriften zu machen? Die Antwort lautet: indem ich aufhöre, die Wahrnehmung unangenehmer Gefühle oder ungeliebter Seiten meiner Person innerlich wegzuschieben oder zu vermeiden.

Sie können dies tun, indem Sie in einem Focusing innerlich all die Gefühle, Bilder und Empfindungen wahrnehmen, die sich mit der Möglichkeit der Verletzung Ihrer Vorschriften verbinden.

Diese spezielle Art der Wahrnehmung können Sie lernen. Bevor wir aber noch tiefer einsteigen und die Bedingungen und Voraussetzungen hierfür beschreiben, möchten wir den *Focusing-Prozess* noch einmal in einer Übersicht darstellen.

Innere Vorschrift	Focusing
»Ich darf nicht rot werden!«	Gefühle, Bilder, Gedanken usw., die mit dem Rotwerden zusammenhängen, innerlich wahrnehmen.
»Ich muss perfekt sein!«	Der Möglichkeit, »nicht perfekt zu sein« innerlich ins Auge sehen, in sich hineinspüren, wie es ist, nicht perfekt zu sein.
»Ich muss geliebt werden!«	Wahrnehmen, welche Gefühle, Bilder usw. sich mit der Vorstellung nicht geliebt zu werden verbinden.

Ein Fallbeispiel – was Klara beim Reden Angst macht

Klara, eine Studentin, hatte große Angst, vor einer ihr unbekannten Gruppe längere Zeit unvorbereitet sprechen zu müssen. In den letzten Monaten hatte sie öfter vermieden, sich einer derartigen Situation überhaupt auszusetzen. Sie bemerkte gleichzeitig, dass sich ihr anfangs unangenehmes Gefühl langsam mehr und mehr zu einer inneren Panik steigerte. Allein die Vorstellung, vor einer Gruppe zu sprechen, löste bei ihr starkes Herzklopfen aus. Klara wollte aus dem Teufelskreis heraus und nahm sich vor, ihre Angst genauer anzuschauen. Sie setzte sich auf ihr Sofa, entspannte sich und nahm sich ein halbe Stunde Zeit, *Focusing* zu machen. Sie schloss ihre Augen und ließ vor ihrem inneren Auge eine Redesituation entstehen, die sie in der letzten Woche erlebt hatte.

Sie sah die Situation deutlich vor sich: Uni-Alltag, überfüllter Seminarraum, die Luft ist zum Schneiden, ein Referat wurde gehalten. In ihr wächst der Missmut, sie ist mit der Referentin nicht einer Meinung, sie hat Gegenargumente, die Diskussion beginnt. Sie möchte sich melden, ihren Einwand vorbringen, ihre Fragen stellen. Während die anderen diskutieren, schnappt sie zweimal nach Luft, macht noch einen Anlauf, doch ihr Hals ist wie zugeschnürt, dann gibt sie auf. Da spricht eine andere Studentin genau den Aspekt an, den sie auch nennen wollte. Der Beitrag wird interessiert aufgenommen, von vielen bekräftigt und gibt der Diskussion eine konstruktive Wende. Sie selbst sitzt zusammengesackt auf ihrem Stuhl, die Angst hat sich in Ärger verwandelt, Ärger darüber, dass sie es wieder einmal nicht übers Herz gebracht hat, den Mund aufzumachen.

Klara wollte ihrer Angst vorm Sprechen näher auf den Grund gehen und ging in ihrer Vorstellung zu dem Moment zurück, wo ihre Angst am größten war: da, wo sie Luft holte, doch ihr Hals wie zugeschnürt war. Sie hielt den Film ihrer Erinnerung vor ihrem inneren Auge an dieser Stelle an und verweilte mit ihrer Wahrnehmung bei ihrem unangenehmen Gefühl.

Unter Ihrer Angst liegen Ihre sprudelnden Ideen.

Es war, als ob ein dicker Kloß in ihrem Hals saß. Es kam ihr vor, als ob in ihrem Bauch all die bunten, klugen und frechen Gedanken wie Sekt sprudelten und in ihrem Hals ein dicker Korken saß, der nichts davon durchließ. Im weiteren Focusingprozess sah sie sich den Korken genau an, spürte und lauschte in ihn hinein. Er saß fest in ihrem Hals, als würde er sagen: »Bloß nichts rauslassen!« Als Klara dies bewusst wurde, nahm der Druck in ihrem Hals etwas ab. Sie war neugierig geworden und wollte mehr über ihre Angst wissen. Sie fragte sich innerlich: »Was wäre das Schlimme daran, etwas rauszulassen?«, und sie stellte sich vor, sie hätte ihre Meinung gesagt, ihre Kritik geäußert. Diese Vorstellung war von einem unangenehmen Gefühl begleitet, das sich zu einem Bild formte: Sie sah, wie die anderen Studenten sie auslachten, mit den Fingern auf sie zeigten, und es war ihr, als schrumpfe sie zusammen. Sie fühlte sich wie ein schrumpfender Luftballon, aus dem die Luft herausgelassen wurde, fühlte sich kleiner und kleiner werdend. Da tauchte eine alte Erinnerung auf, die sie schon fast vergessen hatte: Sie sah sich als kleines Mädchen vor der Klasse stehen und alle lachten sie aus, weil sie beim Erzählen plötzlich nicht weiterwusste. Klara nahm das alte Gefühl ganz lebendig wahr. Sie erkannte in diesem Gefühl den Kern ihrer Angst, dem sie immer auszuweichen versucht hatte. Sie begrüßte den empfindsamen Teil ihrer Seele freundlich in sich und setzte sich in der Vorstellung daneben. Als sie das kleine verängstigte Mädchen fragte, was es brauchen könnte, merkte sie die innere Antwort: »Hinter mir stehen, Schutz.« Sie stellte sich vor, dass sie dies tat, nahm es in den Arm und befahl den lachenden Kindern: »Hört auf zu lachen, stecken bleiben passiert jedem mal!« Sie blieb bei diesem Erleben, zwei Minuten, fünf Minuten und nahm wahr, wie das Unangenehme langsam weniger wurde. Klara entschied sich den

Prozess fürs Erste an dieser Stelle zu beenden und zu einem späteren Zeitpunkt dieser alten Wunde in sich erneut ihre Aufmerksamkeit zu schenken. Sie nahm ein paar tiefe Atemzüge, öffnete ihre Augen, ruhte sich noch etwas aus und ließ das Erlebte innerlich sacken.

Diese Darstellung sollte Ihnen einen Eindruck vermitteln, wie der Weg eines solchen inneren Wahrnehmungsprozesses verlaufen kann. Wir möchten Ihnen die Methode im Folgenden mit einigen zusätzlichen Informationen noch verständlicher machen. Zunächst werden wir in einer Übersicht die verschiedenen Phasen eines Focusing-Prozesses zur Auflösung von inneren Vorschriften darstellen und anhand des Fallbeispiels kommentieren.

Raus aus der Zwangsjacke:
Das Gelassenheits-Focusing

Schritt I: Das Bühnenbild anschauen
In dieser Phase geht es darum, eine möglichst lebendige Vorstellung von der problematischen Situation zu entwickeln und sie sich plastisch vor dem inneren Auge vorzustellen. In welchen Situationen begegnet mir meine Angst eigentlich? Was ist für mich schwierig?

Im Beispiel: Für Klara ist es das unvorbereitete Sprechen vor großen Gruppen, und sie stellt sich so eine Situation aus ihrem Uni-Alltag vor.

Schritt II: Die Vorschriften entdecken
Hier machen Sie sich auf die Suche nach der oder den inneren Vorschriften, die in einer solchen problematischen Situation aktiviert werden. Womit setze ich mich unter Druck? Was darf auf keinen Fall passieren?

Im Beispiel: Klara findet heraus, dass ihr die Vorschrift »Ich darf nichts rauslassen!« wie ein Korken im Hals steckt.

Schritt III: Die Vorschrift verletzen
In dieser Phase stellen Sie sich vor, dass die zuvor gefundene Vorschrift verletzt wird, also genau das eintritt, was nicht eintreten darf.

Im Beispiel: Klara stellt sich vor, ihre Meinung und Kritik öffentlich auszusprechen, also etwas »rauszulassen«.

Schritt IV: Das »Schlimm-Gefühl« wahrnehmen
Fragen Sie sich, was schlimm daran wäre. Mit der Frage nach dem Schlimmen, dem Unangenehmen an der Situation, nehmen Sie in dieser Phase Kontakt auf mit den Gefühlen, Bildern und Empfindungen, die durch die Vorschrift innerlich weggeschoben wurden.

Im Beispiel: Bei der Frage nach dem Schlimmen hat Klara plötzlich die Vorstellung, von den Studenten in ihrem Seminar ausgelacht zu werden.

Schritt V: Entfalten und Verweilen
Die Bilder, Körperempfindungen und Gefühle, die sich mit dem Schlimmen verbinden, entfalten sich. Sie schauen sie an, horchen und spüren in sie hinein. Dabei kann es sein, dass sie sich entwickeln und verändern.

Im Beispiel: Klara schrumpft bei der Vorstellung, dass die anderen über sie lachen, immer mehr zusammen. Sie hat das Bild eines Luftballons, aus dem die Luft herausgeht. Plötzlich erinnert sie sich an ihr traumatisches Schulerlebnis, als sie von ihren Mitschülern ausgelacht wurde.

Schritt VI: Die Wunde heilen
In dieser Phase spüren, horchen und lauschen Sie liebevoll in den Kern des Schlimmen hinein. Was ist eigentlich für mich das Zentrale an dieser Situation? Was ist der Kern des Schlimmen? Was bräuchte diese verletzte, ängstliche oder hilflose Seite in mir? Was würde etwas Licht bringen oder Kraft oder Hilfe? Horchen Sie auf Antworten, die aus Ihrem

Inneren kommen, und spüren Sie, was sich verändert. Lassen Sie auch hierfür ein Bild oder ein Wort aus Ihrem Erleben aufsteigen und verweilen Sie wiederum dabei.

Im Beispiel: Klara empfindet noch einmal die unangenehmen Empfindungen von damals nach und erkennt in dem Gefühl, allein und bloßgestellt zu sein, den Kern ihrer Angst. Sie kommt in Kontakt mit ihrem inneren verletzten Mädchen und hört, was es braucht.

Die beschriebenen Schritte lassen sich während eines lebendigen Focusingprozesses nicht so deutlich trennen. Oft wird der Prozess unterbrochen, weil es nicht mehr möglich ist, innerlich bei der Wahrnehmung des Unangenehmen und Problematischen zu bleiben. Wenn Ihnen dies während Ihres Focusings so ergeht, können Sie sich entscheiden, entweder aufzuhören oder einen Schritt zurückzugehen und dort von neuem zu beginnen, wo Sie innerlich in gutem Kontakt mit Ihrem Thema sind.

Die zentrale Frage beim *Focusing* ist: »Was ist das Schlimme an dieser Sache, an diesem Gefühl?« Versuchen Sie die Antwort nicht im Kopf zu konstruieren, sondern nehmen Sie das Unangenehme, den Kern des Schlimmen innerlich wahr.

Den Stress schmelzen lassen.

Diese Frage unterstützt den Prozess aufzuhören, sich Vorschriften zu machen. Wäre beispielsweise Ihre Vorschrift »Ich darf nicht versagen«, würde die Frage lauten: »Was ist das Schlimme für mich daran zu versagen?« Innerlich würden Sie für einen Moment aufhören sich dies vorzuschreiben, um wahrzunehmen, wie es wäre zu versagen. Sie würden den damit verbundenen Bildern, Gefühlen und Empfindungen Aufmerksamkeit schenken. Damit können der innere Druck und die Angespanntheit anfangen sich aufzulösen.

Um diesen Prozess der ganzheitlichen Wahrnehmung innerlich zuzulassen, ist es für Sie hilfreich, die im Folgenden beschriebenen Voraussetzungen, die als äußere und innere Hilfen verstanden werden können, zu berücksichtigen.

Das unterstützende innere Klima – und wie Sie es herstellen können

Wenn Sie sich entscheiden, Focusing zu machen, zum Beispiel mithilfe der Anleitung auf S. 85 f., ist es sinnvoll, die folgenden vier Voraussetzungen zu beachten, die für den inneren Wahrnehmungsprozess von Bedeutung sind:

- Freiraum schaffen
- Innere Achtsamkeit
- Offene Neugierde
- Richtiger Abstand

Es braucht einen ungestörten Raum, genügend Zeit und gute Bedingungen, um sich nach innen wenden zu können. Wie Sie diese herstellen können und wo mögliche Ursachen zu finden sind, wenn Focusing »nicht klappt«, erfahren Sie im Folgenden.

1. Bevor es losgeht – Freiraum schaffen

Freiraum zu schaffen bedeutet, sich gute Bedingungen, äußerlich und innerlich, herzustellen, um die Aufmerksamkeit nach innen zu wenden und sich mit der Redeangst beschäftigen zu können.

Sie können Focusing überall dort machen, wo Sie für eine Zeit ungestört sind und sich wohl fühlen. Achten Sie auf folgende Faktoren:

- Können Sie dafür sorgen, dass Sie ungestört sind? (zum Beispiel Tür zu, Telefon leise, Zettel mit »Bitte nicht stören« usw.)

- Gibt es Geräusche oder Lärm, die Sie stören? Können Sie diese Störungen beseitigen oder die Situation verbessern? (Wenn nicht, hilft es manchmal, diesen Geräuschen ein wenig zuzuhören, ihnen wie einer Symphonie zu lauschen und in der Vorstellung schließlich an einem Regler die Lautstärke wie bei einem Radio langsam leiser zu drehen und in sich, in den Körper hineinzulauschen, zum Beispiel auf den Herzschlag oder den Atem.)
- Ist die Temperatur angenehm? Können Sie sie gegebenenfalls regulieren? Brauchen Sie vielleicht noch eine Decke? Wollen Sie sitzen oder liegen? Können Sie es sich noch bequemer machen?

Um mit dem *Focusing* zu beginnen, ist es günstig, mögliche »Störungen« zu beseitigen. Dem, was sich nicht verändern lässt, widmen Sie eine Zeit lang Ihre besondere Aufmerksamkeit, wie oben bei den störenden Geräuschen beschrieben. Trotz dieser guten Vorsorge ist es natürlich möglich, dass Sie während Ihres Focusing-Prozesses bemerken, dass etwas Sie ablenkt: Sie frieren zum Beispiel oder Ihre Körperhaltung ist Ihnen unbequem geworden. Sorgen Sie dann dafür, dass Sie es sich so einrichten, dass es Ihnen wieder angenehm ist und Sie sich Ihrem Thema widmen können.

Wenn der äußere Freiraum so gut als möglich geschaffen ist, können Sie sich daran machen, *innerlich Freiraum* zu schaffen, wenn dies nötig ist. Sie können auch innerlich gute Bedingungen herstellen – quasi das gute Klima –, um Focusing zu machen. In der Vorstellung kommt dieses einem inneren Sortieren gleich, als ob Sie eine alte Rumpelkammer, wo sich so einiges angesammelt hat, einmal aufräumen und das, was sich so findet, in Regalen verstauen oder auch mal Überflüssiges in den Müll schmeißen.

Es tut gut innerlich aufzuräumen.

Innerlich »Platz schaffen« können Sie auch, indem Sie sich fragen:

- Habe ich körperliche Verspannungen oder Schmerzen, die meine Aufmerksamkeit beanspruchen?
- Wenn sich diese möglichen Verspannungen oder körperlichen Schmerzen nicht durch äußere Veränderungen, beispielsweise der Haltung, beheben lassen, geben Sie diesen Empfindungen Aufmerksamkeit, indem Sie bewusst zu dem Ort der Verspannung hinatmen oder, wenn es möglich ist, zur Unterstützung dort ihre Hand hinlegen!
- Gibt es irgendwelche kreisenden Gedanken, die ich im Moment noch nicht loslassen kann?
  Gerade zu Beginn eines Prozesses kann es schwer sein, Kontakt mit dem Thema aufzunehmen. Vielleicht gehen Ihnen Dinge durch den Kopf, mit denen Sie sich gerade zuvor beschäftigten oder die Sie noch zu erledigen haben. Nehmen Sie diese Gedanken wahr, halten Sie sie aber nicht fest oder fangen an, sie zu durchdenken. Lassen Sie sie innerlich an sich vorbeiziehen. Manchmal können Vorstellungen dabei helfen: Stellen Sie sich vor, auf einem Steg zu stehen, unter dem ein Fluss fließt. Auf diesem Fluss schwimmen Blätter. Lassen Sie Ihre Gedanken wie diese Blätter an Ihnen vorbeiziehen oder setzen Sie Ihre Gedanken auf kleine Wolken, die am Himmel weiterziehen.
- Schwieriger kann es mit problematischen Gedanken oder Gefühlen sein, die neben Ihrer Redeangst für Sie von Bedeutung sind und die Ihnen bewusst werden, wenn Sie in der beschriebenen Weise zur Ruhe kommen. Es gibt nun zwei Möglichkeiten: Sie können entscheiden, sich zuerst mit diesen Dingen zu beschäftigen. Oder Sie versuchen, innerlich einen guten Abstand zu schaffen, indem Sie diese Themen für den Moment zur Seite stellen. Dies können Sie in Ihrer Vorstellung

Stellen Sie Ihre Problempakete für den Moment zur Seite.

> zum Beispiel mit folgendem Bild tun: Verpacken Sie die gerade auftauchenden Probleme oder Gedanken und Gefühle, die mit Ihrer Redeangst direkt nichts zu tun haben, einzeln in Pakete, Säcke, Tresore oder Ähnliches. Sie können die »Pakete« dann besonders gut verschnüren und in der Vorstellung in das hinterste Regal im Keller legen oder vor die Tür stellen, um diese Dinge für den Moment los zu sein. Verstauen Sie diese »verpackten Probleme« mit dem Wissen, dass sie Ihnen nicht weglaufen und Sie sich mit ihnen zu einem späteren Zeitpunkt beschäftigen können.

Wenn es in der Vorstellung schwer gelingt, die Themen, die zwischendurch auftauchen, zur Seite zu stellen, hilft es einigen, sie kurz zu notieren: den noch zu erledigenden Anruf oder das Gespräch mit der Nachbarin oder die Liste der Besorgungen. Dann steht es schwarz auf weiß auf dem Zettel, geht nicht verloren und innerlich gibt es wieder Raum.

Auch wenn während Ihres Focusing-Prozesses Ihre Gedanken abschweifen oder Ihnen welche »dazwischen«-kommen, die mit Ihrem Thema direkt nichts zu tun haben, verfahren Sie wie eben beschrieben und kehren zu Ihrem Focusing-Thema zurück.

2. Innere Achtsamkeit

Wenn der äußere und innere Freiraum stimmen, können Sie sich Ihrem inneren Erleben zuwenden. Im Focusing gehen Sie anders mit einem Problem um als üblicherweise: Sie durchdenken es nicht, analysieren nicht die Ursachen, erklären keine Zusammenhänge, sondern stellen sich das Problem vor und nehmen wahr, was in Ihnen spürbar wird. Das braucht Zeit, denn Antworten aus dem Körper sind nicht so schnell wie die aus dem Kopf. Warten Sie ab, stellen Sie sich innerlich die Frage »Wie ist das ganze Problem für mich?«, und seien Sie innerlich achtsam.

Innerlich achtsam sein heißt, die Aufmerksamkeit durch Ihre Sinne nach innen, in Ihren inneren Erlebensraum zu richten: nach innen zu schauen, nach innen zu spüren, zu horchen, zu fühlen, zu schmecken usw. Dieses Herangehen mag Ihnen zunächst sehr fremd sein, zumal Sie es vielleicht nicht gewohnt sind, Ihren Körper als einen Raum zu erfahren, der mit Bildern, Empfindungen und Gefühlen auf äußere Ereignisse oder Fragen reagiert. Wir werden Ihnen im Anschluss an diese Darstellung eine Übung vorschlagen, die Ihnen diese Erfahrung ermöglicht.

Lernen Sie, auf Ihre innere Stimme zu hören.

Die Aufmerksamkeit nach innen zu wenden, um Ihr inneres Erleben bewusst wahrzunehmen, ist im Grunde eine einfache Tätigkeit, die Sie nicht zu lernen brauchen, sondern wieder entdecken können. Bei Kindern ist diese Fähigkeit, beim Spielen oder Malen ihre »innere Welt« wahrzunehmen und auszudrücken, noch ganz lebendig. Als Erwachsene verlernen wir dies meist in dem Maße, wie wir versuchen, unsere Empfindungen anderen und uns selbst gegenüber zu kontrollieren. Innerlich achtsam sein heißt wahrzunehmen, was ist.

Vergessen Sie die »Habt-Acht!«-Haltung oder die übertrieben ängstlich angespannte Aufmerksamkeit. Vergessen Sie das bohrende Forschen oder das innere Bewerten. Seien Sie freundlich und liebevoll zu sich. Nehmen Sie wahr, was ist. Und wenn scheinbar erst einmal nichts ist, dann spüren Sie freundlich in dieses innere Nichts hinein! Und wenn ganz viel ist, begrüßen Sie das Viele in sich und sagen: »Ah, ich sehe, da ist ziemlich viel los in mir.«

Seien Sie wie eine gute Freundin zu sich selbst.

3. Offene Neugierde

Der Focusing-Prozess nimmt seinen eigenen Weg, der nicht vorhersehbar oder bestimmbar ist. Ergebnisfixiertes, zielgerichtetes Vorgehen und inquisitorisches Eindringen lassen diesen Wahrnehmungsprozess nicht entstehen. Focusing setzt die Bereitschaft voraus, einen unbekannten Weg zu gehen, ohne dass dieser mit dem Kopf vorherzubestimmen wäre. Focusing ist ein Geschehenlassen und erfordert Geduld, Neugierde und Vertrauen. Vielleicht bemerken Sie, dass sich während des Focusing-Prozesses Gedanken dazwischenschieben, wie z. B.:

»Das sind ja langweilige Bilder!« oder
»Ich merk gar nichts, nun stell ich mir die Situation vor und nichts passiert!« oder
»Das muss sich doch jetzt schlimm anfühlen, und da ist nur so ein leichtes Ziehen im Bauch ...«

Dann haben Sie die Haltung der »Offenen Neugierde« verlassen und fangen an zu bewerten, sich unter Druck zu setzen und neue Vorschriften aufzustellen. Diese Gedanken stören den Wahrnehmungsprozess, weil sie das, was ist, verändern wollen.

Hilfreich in solchen Momenten ist es, sich der Gedanken bewusst zu werden, ihnen einen Moment zuzuhören und festzustellen: »Aha, jetzt werde ich ungeduldig«, um dann wieder offen zu sein für das, was ist. Wenn Sie es von sich kennen, dass Sie sich unter Druck setzen, etwas Besonderes produzieren zu müssen, kann es für Sie auch entlastend sein, den Focusing-Prozess mit folgender Einstellung zu beginnen: »Ich muss jetzt nichts! Ich spüre, wie es sich anfühlt, nichts zu müssen: nirgends ankommen zu müssen, nichts herausfinden zu müssen, nichts leisten zu müssen. Ich muss jetzt nichts! Ich spüre, wie sich das gute Gefühl, nichts zu müssen, in mir ausbreitet, und ich merke, wie ich gleichzeitig offen und neugierig bin auf das, was sich zeigen mag.«

Zum Ausprobieren der beiden Haltungen »Innere Achtsamkeit« und »Offene Neugierde« laden wir Sie zu folgender Übung ein, bei der es darum gehen wird, Ihren Körper als Erlebensraum kennen und wahrnehmen zu lernen. Diese Übung ist übrigens sehr gut als Entspannungshilfe geeignet und bringt immer wieder neue Empfindungen und Bilder hervor.

Wir schlagen Ihnen wieder vor, die Anleitung für die Übung auf einen Kassettenrekorder aufzunehmen. Machen Sie bei der Aufnahme genügend Pausen, sodass Sie später während Ihres Prozesses ausreichend Zeit haben. Die Fragen in der Anleitung sind mehr als Hilfen zur Entfaltung Ihres inneren Erlebens und Ihrer Wahrnehmung gedacht und weniger als Herausforderung, sie präzise zu beantworten.

▶ Übung: »Körperräume spüren«

- Lehnen Sie sich innerlich wieder zurück. Nehmen Sie sich ca. 30 Minuten Zeit, um dieses Experiment durchzuführen. Machen Sie es sich im Liegen oder Sitzen bequem und spüren Sie, ob Sie schon eine gute Körperhaltung gefunden haben. Dann nehmen Sie 1–2 Minuten Ihren Atem wahr.
- Erkunden Sie nun einmal, ob Sie das Atmen auch im Bauchraum spüren. Als Unterstützung können Sie Ihre Hände auf Ihren Bauch legen und in Ihrer Vorstellung zu den Händen hinatmen. Ihre Bauchdecke hebt und senkt sich fühlbar.

   Begeben Sie sich nun mit Ihrer Aufmerksamkeit mit jedem Ausatmen ein wenig mehr in Ihren Bauchraum. Vielleicht ist Ihnen das Bild, Stufe für Stufe dorthin hinabzusteigen, hilfreich.
- Nehmen Sie Ihren Bauchraum einmal als Raum wahr. Wie fühlt es sich dort an? Wie sieht es dort aus? Gibt es in Ihrem Bauchraum einen Ort, der sich besonders angenehm oder unangenehm anfühlt? Wie ist es

dort so insgesamt? Gibt es Bilder, Gefühle oder vielleicht Farben, die hier entstehen?
Lassen Sie sich von Ihrer Wahrnehmung führen und nehmen Sie sich einige Minuten Zeit dafür.
- Verabschieden Sie sich nun von Ihrem Bauchraum, achten Sie wieder auf Ihren Atem und atmen Sie in Ihren Brustraum. Legen Sie Ihre Hände auf Ihre Brust und nehmen Sie wahr, wie sich die Hände leicht heben und senken. Richten Sie Ihre Aufmerksamkeit nun in diesen Körperraum. Wie ist es hier? Wie fühlt es sich an? Wie schaut es hier aus? Seien Sie neugierig darauf, auch diesen Raum zu erkunden. Nehmen Sie sich genügend Zeit, ihn entdecken zu können.
- Wenden Sie sich nun Ihrem Hals zu und versuchen Sie einmal, den Hals von innen als Raum zu erfahren. Spüren Sie, wie der Atemstrom hier durchfließt? Vielleicht können Sie in Ihrer Vorstellung in Ihren Hals atmen. Schauen Sie sich auch hier um, fühlen Sie, wie es sich anfühlt, oder lauschen Sie, was es hier zu hören gibt. Wie ist es so in Ihrem Hals? Gibt es hier Gefühle, Farben oder Klänge?
- Beenden Sie diese Übung, indem Sie Ihren Atem wahrnehmen und Ihren Körper noch für einen Moment als Ganzes spüren. Spüren Sie, wie Sie jetzt sitzen oder liegen. Sie können nun langsam mit Ihrer Aufmerksamkeit wieder nach außen gehen. Nehmen Sie sich Zeit dafür. Beginnen Sie damit, auf die Geräusche zu lauschen, vielleicht auch einmal bewusst den Geruch des Raumes zu riechen, und öffnen Sie dann langsam die Augen, um sich wieder umzuschauen und zu orientieren.

Vielleicht war es Ihnen möglich, die beiden Grundhaltungen »Innere Achtsamkeit« und »Offene Neugierde« in dieser Übung praktisch zu erfahren. Sie konnten möglicherweise Ihren Körper als Raum erfahren und dort Gefühle, Bilder, Klänge oder Körperempfindungen entdecken, deren Wahrnehmung Sie nicht vorher beabsichtigt haben.

Die dritte Grundhaltung, die wir nun beschreiben, hat sich wahrscheinlich bei Ihnen in der Übung eben automatisch eingestellt. Sie hat meist größere Bedeutung, wenn Sie sich in einem Focusing-Prozess mit problematischen Themen beschäftigen.

4. Richtiger Abstand

Hierbei geht es um die richtige innere Distanz zwischen Ihnen und Ihrem Problem. Weder ein Versinken im Problem, ein Hineinsteigern in die eigenen Gefühle, noch ein abstrakt-theoretisches Philosophieren darüber, ohne innere gefühlsmäßige Beteiligung, werden im Focusing angestrebt.

Wir möchten an dieser Stelle ein weiteres einfaches Experiment vorschlagen, das das Prinzip dieser Haltung auf den Punkt bringt.

⇒ Übung: »Richtiger Abstand«

Betrachten Sie einmal Ihre Handinnenflächen. Widmen Sie sich dabei Ihren Fältchen und Linien, die Ihrer Hand eine ihr eigene Struktur geben.

Automatisch werden Sie den richtigen Abstand wählen, sodass Sie scharf sehen. Sie werden Ihre Hand nicht direkt vor die Augen halten, ebenso wenig wie Sie sie mit ausgestrecktem Arm anschauen werden (es sei denn, Sie sind weitsichtig). Es gibt eine Entfernung zwischen Ihrem Auge und Ihrer Hand, die genau richtig ist.

Ebenso wie in diesem Experiment verhält es sich im Focusing mit dem Abstand zwischen Ihnen als Wahrnehmende und Ihrem inneren Erleben. Um absichtslos wahrzunehmen und eine Beziehung zu den Empfindungen und Gefühlen aufzunehmen, bedarf es also der richtigen Entfernung. Diese haben Sie gefunden, wenn Sie sich nicht identisch mit Ihrem Problem fühlen, sondern noch Beobachterin sein können und sich dennoch innerlich berührt fühlen.

Was können Sie tun, wenn Ihnen der richtige Abstand verloren geht, wenn Ihre Gefühle während eines Focusing-

Prozesses zu unangenehm, zu schwer oder zu mitreißend zu werden drohen?

Erstens: Sie können den Prozess beenden. Sie sind zu jedem Zeitpunkt in der Lage zu entscheiden, Ihre Augen zu öffnen und aufzuhören. Sie befinden sich nicht in Hypnose oder Trance, sondern in einem entspannten Zustand, in dem Sie jederzeit Frau ihrer selbst sind und selbstbestimmt handeln können.

Auf den Abstand kommt es an – Tipps und Hilfen.

Zweitens: Sie können bei Ihrer Wahrnehmung bleiben und verschiedene Vorstellungen zu Hilfe nehmen, die den richtigen Abstand zwischen Ihnen und Ihrem Erleben wiederherstellen. Hierzu ein paar Beispiele aus der Praxis:

> Eine Seminarteilnehmerin hatte in einem Focusing-Prozess das Gefühl, als würde sie von einer Kugel, die auf ihrem Brustbein größer und größer wurde, erdrückt. Sie stellte den Abstand wieder her, indem sie sich vorstellte, unter der Kugel hindurchzuatmen. So konnte sie bei der Wahrnehmung der Kugel bleiben und sie weiter erforschen.
>
> Eine andere hatte Angst davor, ihrer Angst zu begegnen, die wie ein riesiges Monster auszusehen schien. Sie setzte das Monster in ihrer Vorstellung in ein Boot und ließ es auf dem Meer so weit wegtreiben, bis sie sich am Strand in sicherer Entfernung fühlte. Aus diesem Abstand heraus konnte sie sich ihre Angst genauer anschauen und sie langsam immer dichter heranholen.

Beim Auflösen von inneren Vorschriften begegnen wir häufig unangenehmen Gefühlen und alten Wunden. Diese Empfindungen da sein zu lassen wirkt heilend. Alte Wunden brauchen Licht und Luft. Wenn die Empfindungen aber zu stark werden, sodass es Ihnen nicht mehr möglich scheint, achtsam bei ihnen zu verweilen, werden Sie kreativ: Bringen Sie wieder etwas Abstand zwischen sich und

Ihre Empfindungen, gehen Sie drei Schritte zurück, setzen Sie sich in der Vorstellung auf einen inneren Hochstand oder hüllen Sie sich in einen schützenden Mantel ein und begrüßen Sie die Gefühle, indem Sie ihnen sagen, dass Sie sehen, wie groß sie sind.

Die eben beschriebenen Voraussetzungen sind Hilfen dafür, damit der Focusing-Prozess ablaufen kann. Wenn das Focusing bei Ihnen »nicht klappt«, könnten Sie sich fragen:

Alte Wunden brauchen Licht und Luft zum Heilen.

- Bin ich wirklich innerlich achtsam, oder ist irgendetwas im Vordergrund, das mich stört, zum Beispiel Zeitdruck, Lärm usw.?
- Kann ich neugierig und offen mein Erleben beobachten, oder weiß ich sowieso schon, worum es geht? Weiche ich bei den zentralen Punkten aus?
- Habe ich den richtigen Abstand zu dem, was ich mir im Focusing betrachten will, oder fühle ich mich von meinem Problem verschlungen oder zu entfernt, sodass ich es gar nicht mehr betrachten kann?

Wenn Sie sich noch ausführlicher mit der Focusing-Methode befassen wollen, empfehlen wir Ihnen das Buch von Ann Weiser-Cornell *Focusing: Auf die Stimme des Körpers hören,* das Focusing als Selbsthilfemethode mit vielen praktischen Übungen vermittelt.

Bis hierher haben wir Ihnen nun »das Wesen« und den Ablauf von Focusings erläutert. Sie konnten mithilfe der Übungen selber erste Erfahrungen damit machen. Wir wenden im folgenden Abschnitt Focusing direkt im Hinblick auf den Abbau Ihrer Redeangst an.

Der Angst ins Gesicht schauen oder:
Wie Vorschriften sich auflösen

Wie bereits dargestellt, geht es beim Focusing zur Auflösung von inneren Vorschriften darum, auf die Gefühle, Gedanken, Bilder und Körperempfindungen zu achten, die wir durch das »Setzen innerer Vorschriften« zu vermeiden versuchen. Wir werden Ihnen nun einige Übungen vorschlagen, die Ihre Wahrnehmung unterstützen und die Sie für die eigene Selbsthilfe nutzen können. Diese Übungen werden wir durch Erfahrungen und Fallbeispiele aus unserer Beratungspraxis ergänzen und erläutern. Vielleicht können Sie sich in dem einen oder anderen Beispiel wieder finden – vielleicht zeigt es Ihnen aber auch, welche Palette von Gefühlen, Bildern und Empfindungen sich mit dem Phänomen »Redeangst« verbinden können.

Mit »Zähneklappern und Knieschlottern« – Körperliche Angstsymptome

▶ Übung: »Die Angst fühlen«

Versetzen Sie sich noch einmal in eine für Sie schwierige Redesituation, die Ihnen Angst macht. Nehmen Sie sich, genau wie bei der Übung zum »Laut gedacht«, genügend Zeit, um sich leibhaftig in diese Situation hineinzuversetzen. Achten Sie jetzt nicht auf Ihre Gedanken, sondern nehmen Sie wahr, wie sich die Angst in Ihnen bemerkbar macht. Können Sie die Angst körperlich spüren? Wie reagiert Ihr Körper in Angstsituationen? Notieren Sie Ihre Angstsymptome.

Angst vor öffentlichem Sprechen kann sich am ganzen Körper zeigen. Wer kennt nicht das Gefühl, wenn einem »das Herz in die Hose rutscht« oder »der Magen plötzlich in den Kniekehlen hängt«. Die Körpersymptome der von uns beratenen Frauen reichten von leichtem Herzklopfen bis hin zu Schwindel und Ohnmachtsgefühlen.

Hier eine Übersicht möglicher *Angstsymptome von Kopf bis Fuß:*

Kopfschmerzen, Rotwerden, hektische Flecken, Blackout, Tränen in den Augen, »Watte im Kopf«, trockener Mund, Speichelfluss, Schwindel, Wahrnehmungsstörungen, Ohnmachtsgefühle, Verspannungen, Schweißausbruch, Hitzewallungen, Kloß im Hals, zitternde Stimme, zugeschnürte Kehle, Atemnot, Druck auf die Brust, Herzklopfen, Herzrhythmusstörungen, Stechen im Brustkorb, Magendruck, Übelkeit, Krämpfe, Durchfall, Blasendruck, zitternde oder nasse Hände, weiche Knie, zitternde Beine, Spannungen in den Beinen.

Häufig werden die körperlichen Angstsymptome selber als Bedrohung wahrgenommen, was nicht selten zu einer Eskalation der Angstgefühle führen kann: »Schreck lass nach! Mein Herz klopft plötzlich so schnell – DAS DARF NICHT SEIN!« ... und umso schneller fängt es an zu schlagen. Das Angsterleben selbst wird zur Katastrophe, die vermieden werden soll: Es kommt zur *Angst vor der Angst.* Dieser Teufelskreis der Körperreaktionen wird dadurch noch verstärkt, dass sich diese Personen innerlich selbst beobachten, um sich »unter Kontrolle« zu halten, wobei sich die Gedanken vorwiegend um das Vermeiden der körperlichen Angstsymptome drehen. Diese kritische Selbstbeobachtung haben wir den *Lenor-Effekt* getauft (in Anlehnung an die Werbung aus den 70er-Jahren, in der sich eine Hausfrau mit den Worten »Jetzt habe ich ein schlechtes Gewissen« verdoppelt). Betroffene erfahren dies als eine innere Trennung in zwei Instanzen, eine erlebende und eine, die das Erleben beobachtet und auslöschen möchte. Die Konzentration richtet sich dabei zum größten Teil auf den Versuch, die Wahrnehmung der Angstsymptome loszuwerden. Ähnlich wie beim Ticken einer Uhr, die einen beim Einschlafen stört, das umso lauter wird, je mehr man sich darauf konzentriert, verhält es sich mit den Körperreaktionen: Der Herzschlag wird unerträglich laut, das Gesicht krebsrot, die Knie zittern noch mehr. Eine Lehrerin, die vor der Klasse völlig angstfrei reden konnte, aber bei der Leitung von Elternabenden regelmäßig die Nerven verlor, beschrieb diesen Zustand so: »Es ist, als ob ich selbst bei mir hospitiere, dann steh ich neben mir, schimpf mich selber aus, höre mich sprechen und werde immer nervöser.«

Die Konzentration wird von diesem »inneren Notstand« aufgesogen und steht kaum noch für den eigenen Redebeitrag zur Verfügung. Dies wiederum führt nicht selten bis zum schon beschriebenen Blackout. Folgende Äußerung einer Studentin beschreibt den *Lenor-Effekt* plastisch:

> »Mein Kopf rotiert dann, mein Körper fühlt sich blutleer an, als wenn er nichts mehr ausrichten könnte, als wenn er gar nicht mehr zu mir gehörte. Es rotieren die Gedanken, aber ich kann keinen klaren Gedanken fassen, alles ist durcheinander. Meine Augen können nicht mehr richtig gucken. Sie sehen alles und gar nichts, nehmen nichts mehr auf, als wenn sie sich nach innen gedreht hätten, wo sie sich das Rundherum in meinem Kopf ansehen und den Kopf darüber schütteln. Sie beobachten mich dauernd. Es herrscht völliges Wirrwarr, ein Gedankenkarussell.«

Dieses Sich-selbst-Beobachten oder Neben-sich-Stehen ist ein deutliches Signal, dass diese Frau sich Vorschriften macht, die ihr Verhalten beeinflussen: Die Augen drehen sich nach innen und schütteln den Kopf über das innere Wirrwarr: »DAS DARF NICHT SEIN!«

Kritische Selbstbeobachtung führt zum inneren Notstand.

Dieser psychische Vorgang ähnelt häufig autoritären, frühkindlichen Erziehungserfahrungen: Selbstvorwürfe,

Standpauken, innere Moralpredigten auf der einen Seite, Ängste, Gefühle von Hilflosigkeit, Ohnmacht und Minderwertigkeit auf der anderen Seite, als gäbe es zwei sich im Inneren bekämpfende Personen. Und tatsächlich besteht dieser innere Kampf meist zwischen unserem »inneren Kind« und einer überkritischen Elterninstanz, die einer strengen Erzieherin gleicht, die sich verbietend oder befehlend einmischt: »Jetzt stell dich nicht so an, hör endlich auf zu zittern.« Doch dem Druck der »kritischen Elternstimme« folgt der Gegendruck des »Kindes«: Es blockiert oder reagiert mit Angst.

Genauso wenig wie ein Kind mit den Worten »Du brauchst keine Angst zu haben« zu überzeugen ist, können wir uns befehlen, keine Angst empfinden zu dürfen. Der Ausweg aus diesem inneren Notstand besteht darin, die eigene Angst wahr- und anzunehmen, ihr wohlwollend und freundlich zu begegnen.

Hierzu möchten wir Ihnen an dieser Stelle eine weitere Übung vorschlagen. Um sich Ihrer Angst einmal anders als gewohnt, über Gedanken und Sprache, zu nähern, werden wir gleich eine Anleitung vorgeben, mit deren Hilfe Sie versuchen können, Ihre Angst körperlich wahrzunehmen und sie anschließend zu malen. Sie benötigen dafür ein größeres Blatt Papier (DIN A2 oder zumindest zwei zusammengeklebte DIN-A4-Bögen) und nach Möglichkeit Wachsmalkreiden. Es wird nicht darum gehen, dass Sie ein kunstvolles Gemälde anfertigen, sondern versuchen Sie, nachdem Sie die Angst in Ihrem Körper gespürt haben, einen Ausdruck für sie zu finden: Striche, Formen, Farben, Abstraktes oder auch konkrete innere Bilder.

▶ Übung: »Angst malen«

- Sorgen Sie für die nächste halbe Stunde für einen ungestörten, bequemen Platz, an dem Sie auch malen können.

- Lehnen Sie sich zunächst einmal zurück, atmen Sie durch und gönnen Sie sich eine kleine Besinnungspause. Wenn Sie mögen, schließen Sie die Augen.
- Lassen Sie sich Zeit, sich innerlich einzurichten und mit Ihrer Angst Kontakt aufzunehmen.
- Wenn Sie sich bereit fühlen, suchen Sie in der Vorstellung wieder eine Redesituation auf, die Sie als unangenehm empfinden. Lassen Sie diese Situation wie einen inneren Film ablaufen. Halten Sie den Film an der Stelle an, die für Sie am unangenehmsten und ängstigendsten ist. Nehmen Sie wahr, was sich in Ihrem Körper dazu einstellt. Wie fühlt sich Ihre Angst körperlich an? Vielleicht gibt es einen bestimmten Ort in Ihrem Körper, wo Sie dieses Ängstigende am meisten spüren. Strengen Sie sich nicht an, sondern warten Sie, bis sich, wie von alleine, etwas einstellt.
- Stellen Sie Ihre innere Wahrnehmung nun auf ein Schauen um. Wie sieht es in Ihnen aus? Gibt es da ein inneres Bild, Formen oder Farben? Beobachten Sie, wie die Angst in Ihnen aussieht? Welche Stimmung hat dieses Bild? Nehmen Sie wahr, was sich alles entfaltet. Lassen Sie sich Zeit und halten Sie es innerlich fest.

Malen – eine Hilfe, die Angst zu begreifen.

- Wenn Sie dieses innere Bild als Ganzes betrachten, gibt es darin einen Kern, etwas Zentrales für Sie? Gibt es dafür ein Wort oder einen Satz? Wie würden Sie es benennen? Welchen Titel hätte es?
- Treten Sie nun von Ihrem Bild einen Schritt zurück und kommen Sie aus Ihrer inneren Wahrnehmung, dem inneren Schauen wieder mehr nach außen. Nehmen Sie wahr, wie Sie atmen, wie Sie sitzen, und orientieren Sie sich wieder im Raum.
- Wenn Sie sich bereit fühlen, nehmen Sie Stifte und Papier und malen Sie Ihre Angst.

Wenn Sie jetzt ein Bild Ihres Angstempfindens in den Händen halten, machen Sie vielleicht die Erfahrung, dass gerade ein Ausdruck entstanden ist, den Sie zuvor so nicht hätten benennen oder beschreiben können. Dieser Ausdruck ist ein weiterer Schritt auf Ihre Angst zu, ein Schritt, sie wahr- und ernst zu nehmen, so, wie sie sich Ihnen gerade gezeigt hat, ohne Sie zu bewerten.

Bei der nächsten Übung geht es vorwiegend darum, Ihre Wahrnehmung auf der körperlichen Ebene noch weiter zu schärfen.

⟶ Übung: »Körperempfindungen begrüßen«

Halten Sie noch einmal für fünf Minuten mit dem Lesen inne und gehen Sie mit Ihrer Aufmerksamkeit in Ihren Körper. Was können Sie jetzt dort wahrnehmen? Versuchen Sie, Ihre Körperempfindungen zu beobachten, ohne sie zu bewerten oder zu beeinflussen. Sagen Sie »Hallo« zu Ihren Empfindungen: »Jetzt bemerke ich, wie ich atme, ein und aus, hallo, Atem!«, »Jetzt verkrampft sich meine Schulter, hallo, Verkrampfung!«, »Jetzt spüre ich mein Herz schlagen, hallo, Herzschlag!«, »Jetzt spüre ich meine kalten Füße. Hallo, ihr kalten Füße!« usw.

Spüren Sie einmal in sich hinein, von den Füßen bis zum Kopf. Was lässt sich jetzt im Moment wahrnehmen?

Im entspannten Zustand ist diese Übung relativ leicht durchzuführen. Versuchen Sie auch in unangenehmen Situationen, in denen Sie innerlich erregt, ängstlich oder wütend sind, bewusst ohne Bewertung Ihren Körper wahrzunehmen. Sie lernen so auch in angespannten Momenten Ihre Körperreaktionen wahrzunehmen, wie sie sind, und sie nicht als zusätzliche Quellen der Angst zu bewerten.

So wie es Ihnen wahrscheinlich möglich ist, im »akuten« Gefühl von Verliebtheit Ihr Herzklopfen ohne negative Bewertungen da sein zu lassen, werden Sie nach einiger Zeit auch Ihrem Herzklopfen beim Sprechen begegnen können: »Aha, ich bin aufgeregt und habe Herzklopfen, hallo, Herzklopfen.«

Noch einmal zusammengefasst:

1. Körpersymptome zeigen sich von Kopf bis Fuß.
2. Körpersymptome sind selbst oft Auslöser für Angst (»Angst vor der Angst«).
3. Körpersymptome sind meist nicht willentlich zu kontrollieren (zum Beispiel: »Ich darf jetzt nicht rot werden«).
4. Der Versuch, Körpersymptome zu kontrollieren, führt meist zu ihrer Verstärkung ...
5. ... und häufig auch zum *Lenor-Effekt*.
  Ziel: Für den Angst mindernden Umgang mit Körpersymptomen gilt, die Empfindungen wahrzunehmen, wie sie sind, ohne sie zu bewerten oder wegzuschieben.

In der gleichen Art, wie Sie eben Ihre körperlichen Angstsymptome wahrgenommen haben, möchten wir Sie im folgenden Abschnitt ermutigen, Ihre Vorschriften zu lockern und Redehemmungen abzubauen.

Aufhören, sich Vorschriften zu machen

Die folgende Focusing-Anleitung können Sie, wie die vorangegangenen, auf einen Kassettenrekorder aufnehmen, wobei wir Ihnen empfehlen, wieder genügend Pausen beim Sprechen zu machen, um später Zeit zu haben und sich nicht gedrängt zu fühlen. Zudem ermöglicht ein längeres Wahrnehmen sowohl die Entfaltung Ihres Erlebens als auch das Aufhören, sich Vorschriften zu machen. Je tiefer manche Vorschriften sich »eingegraben« haben, desto mehr Aufmerksamkeit braucht es, bis eine spürbare Veränderung eintritt. Vielleicht sind auch mehrere Focusing-Prozesse nötig, bis Sie innerlich mehr Gelassenheit und Erleichterung spüren. Drängen Sie sich also nicht, bei Ihren Empfindungen, Gefühlen, Bildern oder Gedanken zu bleiben, wenn es Ihnen zu unangenehm wird. Entscheiden Sie sich dann lieber dafür, zu einem späteren Zeitpunkt wieder Kontakt zu diesem Unangenehmen aufzunehmen.

Eine gute Möglichkeit ist auch, dass eine Ihnen vertraute Person Sie begleitet und Ihnen diese Anleitung vorliest. Diese Übung dauert mindestens 30 Minuten. Die Fragen in der Anleitung sind wieder als Hilfen gemeint, Ihr gefühlsmäßiges oder bildliches inneres Erleben zu entfalten und wahrzunehmen, und nicht als Anregung zum Nachdenken.

⇒ Übung: Das Gelassenheits-Focusing

Schaffen Sie zuerst einen äußeren Rahmen und inneren Freiraum, wie wir es zuvor beschrieben haben (vgl. S. 93 ff.).

Suchen Sie sich einen guten Platz.

Lenken Sie Ihre Aufmerksamkeit von außen nach innen. Wenn Sie mögen, schließen Sie Ihre Augen.

Begleiten Sie Ihren Atem (vgl. S. 99 f.). Gehen Sie mit jedem Ausatmen ein wenig mehr in sich.

Schritt I: Das Bühnenbild anschauen
Wenn Sie sich innerlich bereit fühlen, nehmen Sie Kontakt zu einer unangenehmen Redesituation auf, zum Beispiel zu einer, die Sie erlebt haben, oder einer, die Ihnen bevorsteht. Lassen Sie diese Situation vor Ihrem inneren Auge lebendig werden.
– Wie ist diese Situation?
– Was sehen Sie vor Ihrem inneren Auge?
– Was hören Sie?
– Welche Gedanken gehen Ihnen durch den Kopf?
– Wie geht es Ihnen in dieser Situation?

Schritt II: Die Vorschriften entdecken
Nehmen Sie wahr, mit welchen Gedanken Sie sich innerlich unter Druck setzen.
– Machen Sie sich Vorschriften, wie Sie oder wie Ihre Zuhörer/innen sein sollen? Oder gibt es etwas, was Ihnen in dieser Situation keinesfalls passieren darf?

- Falls Sie jetzt Vorschriften gefunden haben, mit denen Sie sich unter Druck setzen, fragen Sie sich noch einmal: »Was setzt mich am meisten unter Druck, was ist das Zentrale?«

Schritt III: Die Vorschrift verletzen
Wenn Sie eine zentrale Vorschrift gefunden haben, stellen Sie sich jetzt die Möglichkeit vor, dass Sie diese verletzen: Stellen Sie sich vor, dass das, was keinesfalls passieren darf, doch geschieht. Lassen Sie sich Zeit, sich dieses vorzustellen.
Pause

- Schauen Sie dieser Möglichkeit ins Gesicht. Wie geht es Ihnen dabei? Was löst diese Vorstellung in Ihnen aus?

Pause

Schritt IV: Das »Schlimm-Gefühl« wahrnehmen
- Fragen Sie sich nun: »Was ist das Schlimme/Unangenehme daran?« Spüren Sie diesem Schlimmen nach und lassen Sie die Antwort auf diese Frage, wie von innen her, entstehen.
Pause

Schritt V: Entfalten und verweilen
- Gehen Sie mit Ihrer Aufmerksamkeit in Ihren Bauch- und Brustraum, und schauen, spüren, lauschen Sie, was sich von dort entfaltet.
- Wie ist dieses Schlimme?
  Gibt es einen Ort in Ihrem Körper, wo Sie es besonders spüren können? Entsteht mit dem Schlimmen ein Gefühl? Vielleicht entfaltet sich ein Bild oder eine Farbe, die zum Schlimmen passt?
- Nehmen Sie das, was sich gerade zeigt, so wahr, wie es ist oder wie es sich entwickelt, so viel oder so wenig es im Moment auch sein mag. Auch wenn es vielleicht nicht angenehm ist, bleiben Sie ein paar Minuten bei der Wahr-

nehmung des Schlimmen und versuchen Sie, wie eine liebevolle Freundin Ihr Erleben zu begleiten.

Schritt VI: Die Wunde heilen
- Können Sie ein Zentrum, einen Kern des Schlimmen wahrnehmen? Was ist das Zentrale? Bleiben Sie bei Ihrem Erleben des Schlimmen, um diese Frage zu beantworten.
- Können Sie dieses Zentrale benennen, beschreiben oder ausdrücken? Gibt es einen Satz, ein Wort, ein Bild oder eine Bewegung, die zu der Empfindung passt?
- Wenn Sie mit dem Kern des Schlimmen in Kontakt sind, fragen Sie einmal dorthin: »Was bräuchte es, damit es sich dort besser anfühlt?« – »Was würde Hilfe bringen?« oder »Was wäre ein guter Schritt?« Und warten Sie ab, ob von innen eine Antwort kommt. Spüren Sie, was sich dabei verändert.
- Fragen Sie sich, was noch fehlt, um den Wahrnehmungsprozess zu beenden. Vielleicht möchten Sie noch mal zu einer wichtigen Stelle zurückkehren oder ein Bild oder Wort innerlich festhalten, damit es Ihnen nicht verloren geht.
- Lassen Sie sich dafür Zeit.

Abschluss
- Beenden Sie dann langsam diesen Focusing-Prozess, indem Sie bewusst wieder Ihren Atem wahrnehmen. Spüren Sie mit jedem Einatmen wieder mehr die Unterlage, auf der Sie liegen, oder den Stuhl, auf dem Sie sitzen. Kommen Sie mit jedem Einatmen wieder etwas mehr zurück in den Raum. Lauschen Sie den Geräuschen und fangen Sie vorsichtig an zu blinzeln und dann Ihre Augen zu öffnen. Gähnen Sie, wenn Ihnen danach ist, oder räkeln Sie sich.
- Bevor Sie nun weiterlesen oder etwas anderes tun, versuchen Sie noch einmal in Gedanken festzuhalten, ob es

in diesem Prozess eine neue Erfahrung oder Erkenntnis gegeben hat, oder auch, ob Ihnen etwas Altes und Bekanntes wieder ins Bewusstsein gekommen ist.

Wenn Sie mögen, können Sie jetzt eine Form suchen, das eben Erlebte auszudrücken. Dies kann besonders dann hilfreich sein, wenn Sie merken, dass Sie noch spürbar dieses Unangenehme »mit sich herumtragen«, dass es sich im Focusing nicht verändert hat und es Ihnen schwer fällt, es innerlich loszulassen. Wenn Sie den Focusing-Prozess in Begleitung einer vertrauten Person gemacht haben, können Sie noch einmal darüber reden – vielleicht liegt es Ihnen auch, das Erlebte aufzuschreiben, oder Sie versuchen das, was Sie innerlich gesehen haben, in Form und Farben, in einem Bild auszudrücken. Wichtig ist nicht die Art und Weise, wie Sie dies tun, sondern eher der Prozess, vom Spüren zum Ausdrücken zu kommen.

Es ist möglich, dass sich bei diesem eben durchgeführten Focusing-Prozess als Kern des Schlimmen (Phase VI) ein neuer, vielleicht tiefer liegender Imperativ gezeigt hat. Diesem können Sie in einer nächsten Focusing-Runde auf die gleiche Art und Weise auf den Grund gehen. Es ist ebenfalls möglich, den jetzt gemachten Focusing-Prozess mehrmals zu wiederholen, indem Sie zum Beispiel morgen noch einmal aufs Neue dieselbe Situation innerlich wahrnehmen. Dabei können Sie beobachten, ob Sie wieder ähnliche »Schlimm-Gefühle« empfinden oder ob sich Ihr Erleben der Redeangst verändert. Vielleicht empfinden Sie auch kaum noch unangenehme Gefühle bei der Vorstellung, diese Vorschrift zu verletzen. Dies könnte ein Zeichen dafür sein, dass Sie aufgehört haben, sich diese Vorschrift zu machen, der innere Befehl sozusagen »gelöscht« ist. Experimentieren Sie mit dieser Übung und nehmen Sie wahr, wie sich Ihr Erleben verändert.

Nun zwei konkrete Übungen zu zwei häufigen Vorschriften: die Angst, im Mittelpunkt zu stehen, und die Angst, abgelehnt zu werden.

➡ Übung: »Auf dem Präsentierteller sitzen«

Suchen Sie sich einen bequemen Sitzplatz und nehmen Sie sich Zeit, zu sich zu kommen und zu entspannen. Stellen Sie sich eine Redesituation vor, bei der Sie vor einem Publikum stehen oder sitzen. Gleichgültig, ob Sie diese Situation schon tatsächlich erlebt haben oder ob Sie sich das Ganze ausdenken, entscheidend ist, dass Sie innerlich erleben können, wie sich alle Augen auf Sie richten und Sie im Mittelpunkt stehen. Vertiefen Sie sich in diese Vorstellung: Sie stehen vor vielen Menschen, alle schauen Sie an und warten darauf, dass Sie mit Ihrer Rede beginnen. Führen Sie zu den Gedanken und Gefühlen, die jetzt bei Ihnen auftauchen, ein Focusing durch, wie wir es beschrieben haben.

➡ Übung: »Abgelehnt und ausgepfiffen«

Nehmen Sie sich Zeit und suchen Sie sich einen bequemen, ungestörten Sitzplatz. Lassen Sie vor Ihrem geistigen Auge eine Redesituation entstehen, bei der Sie von den Zuhörenden abgelehnt werden. Vielleicht steht Ihnen eine solche Rede bevor, dann entfalten Sie Ihre Fantasie zu dieser künftigen Situation. Oder Ihnen ist so etwas tatsächlich schon einmal passiert, dann tauchen Sie nochmals in diese Erinnerung ein. Stellen Sie sich vor, Sie und das, was Sie sagen, wird von den Zuhörenden abgelehnt. Was tut das Publikum? Woran erkennen Sie, dass Sie zurückgewiesen werden? Bleiben Sie bei der Vorstellung, eine »Pleite« zu erleben und womöglich Protest zu ernten. Lassen Sie Ihr Unwohlsein oder welches andere Empfinden bei Ihnen entsteht, innerlich zu.

Focussieren Sie mithilfe der Focusing-Anleitung das, was für Sie das Unangenehme oder das »Schreckliche« ist, wenn Sie Ablehnung aus dem Publikum erleben.

In Situationen, in denen Sie merken, dass Sie sich akut etwas befehlen können, kurz innehalten und ein »Blitzfocusing« machen.

⏭ Übung: »Blitzfocusing«

Wenn Sie feststellen, dass Sie sich gerade mit einer Vorschrift oder einem Verbot unter Druck setzen, fragen Sie sich: »Was ist eigentlich das Schlimme daran, wenn genau das passiert, was nicht passieren soll?« Lassen Sie die Antwort auf diese Frage aus Ihrem Gefühl entstehen, das sich mit dieser Vorstellung verbindet. »Was ist für mich das Unangenehme – Schlimme – Scheußliche daran?«

Nehmen Sie dieses Schlimme für einen Moment wahr.

Mit diesem »Blitzfocusing« haben wir in unserem Alltag sehr gute Erfahrungen gemacht.

Ich erinnere mich an eine Seminarsituation, in der die Videokamera streikte. Alle Seminarteilnehmerinnen warteten gespannt auf ihre erste Videoaufnahme und nichts ging mehr. Ehrlich gesagt: Dies war meine »Horrorvorstellung«, das Schlimmste, was passieren konnte. »Das darf nicht wahr sein!«, hörte ich mich sagen. »Um Gottes willen, die muss jetzt funktionieren!« Befehle, die gleichermaßen paniksteigernd wie sinnlos waren. Ich entschloss mich zu einem »Blitzfocusing«. Ich nahm das peinliche Gefühl wahr, den Teilnehmerinnen gestehen zu müssen, dass die Aufnahme ins Wasser fallen würde. Ich spürte mein Herzklopfen und meine nassen Hände und ließ sie für den Moment da sein. Das unangenehme Gefühl wurde allmählich weniger und ich ruhiger. »Die Kamera ist kaputt.« Punkt. So war es und nicht anders. In diesem Moment war ich wieder in der Lage, konstruktiv zu denken, mir Alternativen zu überlegen. Fünf Minuten später, bei einem erneuten Versuch, funktionierte die Kamera wieder. Spätestens ab diesem Zeitpunkt war ich der Überzeugung: Auch technische Geräte haben eine Seele.

Die Wirkung des »Blitzfocusing« ist nicht immer so spektakulär, aber meist, besonders in so stressigen Situationen, sehr hilfreich. Probieren Sie es aus.

Nachfolgend bieten wir Ihnen eine weitere Übung an, die Sie ausprobieren können, wenn Ihnen eine Situation bevorsteht, in der Sie mit Angst oder Unsicherheit rechnen und vor der Sie am liebsten »kneifen« möchten: »Die Mutprobe«.

Sie kennen Mutproben garantiert aus Ihrer Kindheit. Mutig ist nicht die, die keine Angst vor bestimmten Situationen hat, sondern die, die trotz Angst schwierige Situationen durchsteht. Hören auch Sie Schritt für Schritt damit auf, schwierige Situationen zu meiden. Vermeidung von Angstsituationen macht die Angst chronisch, da sie einem die Möglichkeit nimmt, positive Erfahrungen zu sammeln. Vermeidung wirkt so wie ein Bumerang in der Angstentwicklung: Sie verstärkt die Angst vor der Angst.

Diese Übung ermöglicht Ihnen, eine bevorstehende schwierige Redesituation in der Vorstellung zu simulieren und vorab als Probehandlung Ihren neuen Umgang mit der Angst auszuprobieren. Wenn Sie Angst, Unbehagen, Lampenfieber haben, beziehen Sie diese Gefühle in Ihre Wahrnehmung der Situation ein, indem Sie innerlich aufhören, sie wegzuschieben.

⇒ Übung: »Die Mutprobe«

Stellen Sie sich die Angst auslösende Situation vor Ihrem inneren Auge genau vor: »Wie fühlen Sie sich? Was geht in Ihnen vor?« Nehmen Sie all das wahr, was sich mit Ihrer Angst verbindet.

Nun stellen Sie sich vor, dass Sie Ihre Unsicherheit und Aufregung spüren und trotzdem handeln, bzw. reden, ohne davon behindert zu werden. Sie nehmen Ihre Angst wahr, begrüßen Sie als Körpergefühl und reden, melden sich zu Wort, kritisieren, stellen sich vor usw.

Malen Sie sich aus, wie es Ihnen möglich sein wird, in Begleitung Ihrer Angst das zu tun, was Sie sich wünschen. Und nehmen Sie wahr, wie die Angstsymptome während des Redens langsam abnehmen.

Machen Sie diese Übung ein paar Mal in Ihrer Vorstellung und beginnen Sie dann mit dem Üben in realen Redesituationen. Gehen Sie bewusst auf Ihre Angst zu und nehmen Sie sie wahr.

Dies soll erst einmal an Übungen und Experimenten reichen. Probieren Sie sie aus. Prüfen Sie, ob sie Ihnen hilfreich sind – und wenn Sie merken, dass Sie alleine Ihrer Angst nicht begegnen möchten, scheuen Sie sich nicht, professionelle Hilfe in Anspruch zu nehmen. Manchmal reicht es schon aus, wenn eine Ihnen vertraute Person Sie bei Ihrer Selbsthilfe unterstützt, indem sie einfach dabei ist und Ihnen zuhört, wenn Sie beispielsweise Focusing machen.

Und wenn das, was mit Focusing zusammenhängt, einfach nicht »klappt«, schauen Sie, ob es in Ihrer Nähe Seminare zu Focusing gibt – oder vergessen Sie alles Bisherige und machen Sie es schlichter: Hören Sie auf, Ihre Angst durch Ignorieren, Ablenken, Vermeiden, Bagatellisieren, Trainieren usw. weghaben zu wollen. Begegnen Sie ihr, wenn sie sich zeigt, kümmern Sie sich um sie, halten Sie Kontakt, durchleben Sie sie – und nutzen Sie Ihre Redeangst als Wegweiser Ihrer Entwicklung.

Im folgenden Kapitel werden wir Ihnen einige hilfreiche rhetorische Hinweise, Techniken und auch Tipps vermitteln, die es Ihnen erleichtern können, sich in Redesituationen zu begeben und neue Erfahrungen zu machen.

Selbstsicher überzeugen:
Hilfen, Tipps und Techniken

Viele redeängstliche Frauen haben ihr Leben und ihren Alltag so eingerichtet, dass sie selten oder nie in die Lage kommen, einmal vor einer Gruppe eine Rede zu halten. Sie haben daher kaum eigene Erfahrungen sammeln können über das, was bei einer Rede Erfolg verspricht und passend ist und was sich nicht bewährt und unpassend ist.

Auf der anderen Seite gibt es Frauen, die wenig oder keine Angst haben, vor einem Publikum zu reden, aber die nicht wissen, wie das Halten von Reden überhaupt funktioniert. Meist gab es im Leben dieser Frauen bisher keinen Anlass, eine Rede zu halten. Nachdem sich jedoch ihre berufliche oder auch die private Situation geändert hat und sie vor einem Publikum reden wollen, merken sie, dass ihnen das geeignete rhetorische Know-how schlicht fehlt.

Sammeln Sie neue Erfahrungen.

Wir möchten Ihnen hier Techniken und Tipps an die Hand geben, durch die Sie Übungsrückstände und fehlende rhetorische Erfahrung wenigstens zum Teil ausgleichen können. Dieses rhetorische Knowhow ist allerdings kein Ersatz für den Abbau der Redeangst. Solange Sie noch unter Redeangst leiden, besteht die Gefahr, dass Sie aus den folgenden Tipps und Hinweisen ein »Muss« für sich machen, das heißt, sie zu einem Zwangskorsett werden lassen. Unter der Angst zu versagen klammern Sie sich womöglich an Regeln und Hinweise, und so wird zum

Durch rhetorische Techniken können Sie mangelnde Erfahrungen ausgleichen.

Beispiel aus dem Tipp »Bringen Sie Beispiele, um einen trockenen Sachverhalt zu illustrieren« leicht eine neue innere Vorschrift, die da lautet: »Ich muss Beispiele bringen, sonst versteht mich keiner!« Sie steigern Ihre Redeangst enorm, wenn Sie die folgenden rhetorischen Techniken für sich in neue innere Vorschriften verwandeln.

Lassen Sie uns es an dieser Stelle ganz deutlich sagen: Allein durch die Kenntnis von rhetorischen Techniken werden Sie Ihre Redeangst nicht abbauen können. Aber dieses Rede-Know-how kann Sie selbstsicherer werden lassen, wenn Sie Ihre inneren Vorschriften abgebaut haben und Ihre Redeangst gesunken ist.

Von Anfang an

Sie finden hier Techniken und Tipps, die Ihnen die Vorbereitung einer Rede oder eines Wortbeitrages erleichtern können. Eine sorgfältige Planung kann Ihnen schon im Vorfeld viel an Sicherheit geben, besonders, wenn Sie Ihre Rede vorher proben und mithilfe eines Kassettenrekorders aufnehmen. All Ihre Vorbereitungen und Proben sind aber keine Garantie dafür, dass Ihre Rede später tatsächlich so verläuft, wie Sie es sich vorgestellt haben. Die Rede vor einem Publikum ist eine komplexe Kommunikationssituation, an der andere Menschen beteiligt sind. Der Ablauf wird von vielen aktuellen Geschehnissen beeinflusst. Vielleicht ist ein Teil Ihrer Rede überflüssig geworden, weil Ihr Vorredner einen Teil dessen, was Sie sagen wollten, bereits gesagt hat. Oder jemand hat vor Ihnen etwas behauptet, dem Sie jetzt gern widersprechen wollen. Vielleicht ist die Stimmung im Raum auch sehr ernst und Sie merken, dass die

Halten Sie nicht krampfhaft an Ihrer Vorbereitung fest.

lustigen Beispiele, mit denen Sie Ihre Rede gespickt haben, jetzt nicht passend sind. Es gibt viele Umstände in der aktuellen Redesituation, die dazu führen können, dass Sie einen Teil oder auch die ganze Rede umändern. Deshalb ist es kein Fehler, wenn Sie Ihre Rede nicht so halten, wie Sie sie geplant haben.

Dennoch hat eine sorgfältige Vorbereitung einen großen Nutzen für Sie. Sie sondieren bei der Planung das Redethema, grenzen es ein, finden passende Worte dafür, legen die Reihenfolge Ihrer Argumente oder Unterpunkte fest. All das kann eine Art Sicherungsseil sein, das Sie sich wie bei einer Bergklettertour umlegen. Sie gewinnen damit die Freiheit, ein paar Schritte zu riskieren, die sie nicht geplant hatten.

Die Vorbereitung der Rede

Wie intensiv die Vorbereitungen auf eine Rede werden, hängt von dem Redeanlass und Ihrer Übungserfahrung ab.

Der jeweilige Anlass: Die Redesituationen, von denen eine entscheidende geschäftliche oder berufliche Weichenstellung ausgeht, verlangen in der Regel mehr Überlegungen und eine intensivere Vorbereitung als beispielsweise eine Rede aus einem geselligen Anlass, wie etwa der Geburtstag eines Kollegen.

Die Übungserfahrung: Routinierte Redner und Rednerinnen bereiten häufig nur die entscheidenden inhaltlichen Passagen vor, während sie die Anfangs- und Schlussworte meist improvisieren. Wenn Sie hingegen noch nicht sehr viel Übung haben, dann ist es sinnvoll, zusätzlich auch die ersten Worte und den Schlusssatz vorher zu formulieren.

Die Manuskriptgestaltung

Bevor Sie ein Manuskript für einen geplanten Redebeitrag erstellen, überlegen Sie sich zunächst, ob Sie Ihre Rede Wort für Wort ausformulieren möchten oder ob ein Stichwort-Manuskript sinnvoller ist. Auch diese Entscheidung hängt von zwei Gesichtspunkten ab:

Von der Bedeutung Ihrer Rede: Je wichtiger Ihre Worte in der Öffentlichkeit sind, desto eher kommt es auf präzise und genaue Formulierungen an. In solchen Fällen ist ein Wort-für-Wort-Manuskript sinnvoll.

Von Ihren persönlichen Redevorlieben: Sie können Ihren Redebeitrag natürlich auch frei halten, also ganz ohne Unterlagen sprechen. Wenn Sie aus beruflichen Gründen ein Stoffgebiet sicher beherrschen und wenn Sie es gewohnt sind, vor anderen darüber zu sprechen, dann können Sie die Rede wahrscheinlich besser ohne Manuskript »aus dem Ärmel schütteln«.

Das wörtlich ausformulierte Manuskript

Wenn Sie zum Beispiel in der Öffentlichkeit eine geschäftliche oder politische Rede halten, dann ist es wichtig, dass Sie in der Lage sind, »zitierfähig« zu sprechen, weil Ihre Worte möglicherweise am nächsten Tag in der Zeitung stehen könnten. Dasselbe gilt auch, wenn Ihre Rede eine programmatische oder wegweisende Bedeutung hat, zum Beispiel bei einer Antrittsrede als Vorsitzende eines Gremiums.

Eine geschriebene Rede vorzulesen ist eine Kunst.

Überall dort, wo Ihr Wort auf die Waagschale der öffentlichen Meinung gelegt werden könnte, ist es sinnvoll, dass Sie Ihre Rede Wort für Wort ausarbeiten oder dass Sie zumindest die entscheidenden Passagen genau ausformulieren.

Eine Rede so zu verlesen, dass die Zuhörenden dabei nicht einschlafen, ist eine Kunst. Es scheint auf den ersten Blick zwar leichter zu sein, eine fertig aufgeschriebene Rede einfach nur noch zu verlesen, aber in der Praxis klingt das Ergebnis sehr leicht langweilig oder unverständlich oder beides.

Das liegt daran, dass wir unsere Sätze beim Schreiben anders formulieren als beim Sprechen. Die schriftlichen Formulierungen sind viel gestelzter, komplizierter und weniger eingänglich als unsere gesprochenen Sätze.

Wenn diese vergleichsweise komplizierte Schriftsprache wörtlich verlesen wird, dann verlangt das von den Zuhörenden sehr viel Konzentration. Da die Rednerin/der Redner meist sehr damit beschäftigt ist, das Manuskript Wort für Wort genau abzulesen, schaut sie/er kaum ins Publikum. Darüber hinaus wird häufig zu schnell und zu monoton gesprochen. Das Ergebnis ist eine Rede, die ausdruckslos abgespult wird.

Und nun einige Hilfestellungen für ein ausformuliertes *Wort-für-Wort-Manuskript*:

Schreiben Sie die Rede in der »Sprechsprache

Wenn Sie eine Rede Satz für Satz vorformulieren, dann schreiben Sie möglichst so, wie Sie sprechen. Achten Sie darauf, dass Sie einen einfachen Satzbau verwenden, und vermeiden Sie verschlungene Schachtelsätze.

Gestalten Sie die Manuskriptseiten übersichtlich

Schreiben Sie auf die einzelnen Blätter nicht zu viel und lassen Sie an den Seiten einen breiten Rand frei. Sie können den Text mit den Augen leichter im Ganzen erfassen, wenn die Zeilen auf dem Papier nicht allzu breit sind. Eine Zeilenbreite, die für das schnelle Überfliegen eines Textes günstig ist, wird zum Beispiel von den Tageszeitungen verwendet und liegt bei ca. 25 bis 30 Buchstaben.

Notieren Sie im Manuskript Ihre »Regieanweisungen«

Um der Gefahr vorzubeugen, dass Sie den Text einfach nur herunterlesen, können Sie sich im Manuskript auch Notizen zu Ihrer Sprechweise machen. Die Textstellen, bei denen Sie langsam und »dramatisch« sprechen wollen, können Sie mit einer bestimmten Farbe markieren oder Sie setzen dazu eine entsprechende Anmerkung an den Textrand. Kennzeichnen Sie ebenfalls Sprechpausen oder auch die Textstellen, bei denen Sie ins Publikum sehen wollen.

Verwenden Sie eine deutlich lesbare Schrift

Achten Sie auch darauf, dass die Buchstaben für Sie groß genug sind und von Ihnen auch dann gut gelesen werden können, wenn Sie das Manuskript vor sich liegen haben.

Falls das Manuskript mit einer Schreibmaschine getippt wurde, können Sie die Schrift mithilfe eines Kopiergerätes vergrößern.

Das Stichwort-Manuskript

Für die meisten Redesituationen im Alltag genügt ein Stichwort-Manuskript. Sie schreiben nur die wichtigsten Schlüsselbegriffe oder Satzteile in der Reihenfolge auf, in der Sie sie vortragen wollen. Damit Sie das entsprechende Stichwort in Ihrem Manuskript schnell finden können, ist es wichtig, dass Sie nur wenige Stichworte aufschreiben. Benutzen Sie gut lesbare, groß geschriebene Buchstaben, die sich rasch erfassen lassen.

Schreiben Sie nur wenige Stichworte auf.

Viele machen bei ihrem ersten Manuskript den Fehler, dass sie viel zu viele Stichworte aufschreiben. Wenn Sie dann während der Rede auf Ihr Manuskript schauen, sind Sie irritiert, weil in dem Gewirr der Worte nicht die richtige Anschlussstelle zu finden ist. Das Suchen macht nervös und bringt Sie unnötig aus dem Konzept.

Stichworte sind keine abgekürzten Sätze, sondern lediglich die Schlüsselbegriffe, mit denen Sie – ähnlich wie mit einem Schlüssel – die Tür zu einem neuen Abschnitt oder Themenbereich Ihrer Rede aufschließen. Deshalb ist nicht die Menge der Stichworte wichtig, sondern es kommt vielmehr darauf an, die passenden Begriffe zu finden.

Überprüfen Sie das Manuskript: Sind alle wichtigen Stichworte darin enthalten?

Wenn Sie ein Stichwort-Manuskript ausgearbeitet haben, halten Sie damit probeweise Ihre Rede allein zu Hause. Nehmen Sie die Rede mit einem Kassettenrekorder auf, und überprüfen Sie Ihr Manuskript mit folgenden Fragen:

- Haben Sie mithilfe Ihrer Stichworte alles gesagt, was Sie sagen wollten? Wenn nicht, dann sind die fehlenden Stichworte zu ergänzen.
- Brauchten Sie ein Stichwort vielleicht gar nicht? Dann streichen Sie es aus Ihrem Manuskript.
- Fiel Ihnen bei einem Stichwort nichts ein? Dann ist es wahrscheinlich für Sie der falsche Schlüsselbegriff. Suchen Sie ein treffenderes Stichwort oder eine kurze Formulierung mit zwei, drei Worten.

Sie können in Ihr Stichwort-Manuskript auch ausführliche, ganze Sätze aufnehmen. Das ist dann sinnvoll, wenn Sie ein wörtliches Zitat einflechten wollen oder wenn Sie ganz genaue Angaben machen möchten.

Denken Sie in jedem Fall daran, Ihre Rede auch auf folgende Punkte »abzuklopfen«:

Das Redethema eingrenzen

Um sich bei der Vorbereitung nicht im Thema zu verlieren und vom Hundertsten zum Tausendsten, vom Hölzchen aufs Stöckchen zu kommen, können Sie sich folgende Fragen stellen:

Legen Sie vorher fest, was bei Ihrer Rede das Wichtigste ist.

- Was ist der Anlass für die Rede? Geht es darum, das Publikum zu informieren, Anerkennung und Dank auszusprechen oder die eigene Meinung darzulegen?
- Was ist für Sie persönlich das Wichtigste bei diesem Thema?
- Was ist Ihr Anliegen, Ihre Meinung und Ihr Wissensstand dazu?
- An welche Interessen und welche Kenntnisse des Publikums können Sie anknüpfen?

Die Rede strukturieren

Am Anfang Ihrer Rede oder Ihres Diskussionsbeitrages ist es sinnvoll, den Zuhörenden einige Orientierungshilfen zu geben.

Dazu gehört, dass Sie sich mit Ihrem Namen (und eventuell auch der Funktion oder dem Beruf) vorstellen. Diese Vorstellung kann wegfallen, wenn ein/e Diskussionsleiter/in oder Moderator/in Sie vorstellt oder wenn alle Anwesenden wissen, wer Sie sind. Falls Sie sich selbst dem Publikum vorstellen, dann beachten Sie dabei folgende Punkte:

- Fangen Sie Ihre Rede nicht mit Ihrem Namen an, weil Ihre ersten Worte leicht in einer anfänglichen allgemeinen Unruhe untergehen können. (Siehe auch *Die Kunst der Rede,* besonders der Abschnitt *Sich warm reden*)
- Sprechen Sie Ihren Namen laut und langsam aus, sodass jede/r ihn verstehen kann.

- Wenn Sie auch Ihre Funktion, Ihren Beruf oder andere persönliche Merkmale erwähnen, dann werten Sie sich dabei bitte nicht ab, wie zum Beispiel: »Ich bin zwar nur Hausfrau, aber ich möchte hier trotzdem etwas sagen.«

Eine zweite Orientierungshilfe ist die Einordnung Ihres Wortbeitrages. Teilen Sie mit, weshalb Sie reden, ob und von wem Sie eingeladen oder gebeten worden sind, ob Ihnen das Thema am Herzen liegt oder ob Sie als Fachfrau einen bestimmten Aspekt aufgreifen wollen. Falls Sie mit Ihrem Redebeitrag jemanden ehren oder jemandem gratulieren wollen, können Sie auch kurz sagen, in welchem Verhältnis Sie zu der betreffenden Person stehen.

Bei einem längeren Vortrag, besonders bei einem Fachvortrag oder einer Unterweisung, können Sie noch eine dritte Orientierungshilfe anbieten: Veröffentlichen Sie die Struktur Ihrer geplanten Rede. Sie können dabei dem Publikum kurz eine mündliche Übersicht geben, etwa so: »Im ersten Punkt möchte ich Ihnen XYZ erläutern. Im zweiten Punkt werde ich dann zu dem und dem kommen und am Schluss möchte ich Ihnen zeigen, wie ABC erreicht werden kann.« Oder Sie machen Ihre Gliederung für alle sichtbar, etwa auf einem Flipchart oder mithilfe eines Overheadprojektors. (Der Einsatz von Flipcharts und Overheadprojektoren wird im Kapitel *Die Kunst der Rede* genauer erläutert.)

Zeigen Sie dem Publikum, wie Sie Ihre Rede gegliedert haben.

Wie Sie die Kernaussagen Ihres Beitrages gliedern, hängt im Wesentlichen von Anlass und Ziel Ihrer Rede ab.

Bei einem *Fachvortrag oder einer Unterweisung* kann es für die Zuhörenden hilfreich sein, wenn Sie mit etwas Bekanntem anfangen oder wenn Sie am vorhandenen Wissensstand anknüpfen.

Dafür können Sie ein Problem schildern, das die meisten aus ihrem Alltag kennen, oder Sie sprechen über Erfahrungen, die viele der Zuhörenden wahrscheinlich schon gemacht haben. Vom Bekannten und Konkreten gehen Sie dann im Aufbau Ihrer Rede schrittweise zum Neuen oder zum Abstrakten.

Einen Fachvortrag beginnen Sie mit etwas Bekanntem.

Gerade bei Fachvorträgen oder Unterweisungen kann es sehr belebend sein, wenn Sie nicht nur sachlich-theoretisch an das Thema herangehen, sondern wenn Sie sich dem Publikum als Person zeigen und zu dem Sachthema Ihre eigenen Erfahrungen und Gefühle verdeutlichen.

Bei einer *Meinungsrede oder einem Diskussionsbeitrag* geht es meist auch um fachliche Fragen, aber das Schwergewicht liegt auf dem Austragen von Pro-und-Kontra-Positionen. Als Einstieg in Ihre Rede oder Ihren Diskussionsbeitrag können Sie das Problem, um das es geht, kurz aus Ihrer Sicht schildern. Oder Sie fangen an, indem Sie mit eigenen Worten die Ansichten Ihres Meinungsgegners zusammenfassen, um dann anschließend Ihre eigenen Argumente dagegenzusetzen. Dabei können Sie mit dem schwächsten Argument anfangen und Ihr stärkstes, überzeugendstes Argument am Schluss, sozusagen als Höhepunkt, vortragen. Am Ende Ihrer Argumente steht die Schlussfolgerung, die Sie daraus ziehen, die Konsequenz, die Sie fordern. Um die eigenen Argumente für die Zuhörenden plausibler werden zu lassen, können Sie Ihre Rede mit Beispielen, Fakten, Untersuchungsergebnissen und eigenen Erfahrungen anreichern. (Näheres dazu im Kapitel *Jede Menge Überzeugungskraft*.)

Sie erleichtern sich die Redevorbereitungen, wenn Sie das, was Sie ausgearbeitet haben, zwischendurch häufiger auf einen Kassettenrekorder sprechen. Beim Abhören des Bandes merken Sie, wie Ihre Formulierungen klingen. Dabei fällt Ihnen möglicherweise auch ein, wie Sie die Sache noch treffender auf den Punkt bringen können.

Wenn Sie nicht genau wissen, wie Sie einen bestimmten Sachverhalt treffend ausdrücken können, dann entscheiden Sie sich für die Formulierung, die der Umgangssprache am Nächsten kommt. Verwenden Sie im Zweifelsfall die Alltagssprache und verzichten Sie auf Formulierungen, die gewunden und kompliziert sind.

Verständlich reden: Entscheiden Sie sich für die Umgangssprache.

Wenn Sie auf eine Rede gut vorbereitet sind, dann können Sie dadurch selbstsicherer werden. Aber achten Sie andererseits darauf, nicht zu lange an dem Redebeitrag herumzufeilen. Ein Zuviel an Vorbereitung kann die Nervosität auch ankurbeln. Es ist wichtig, dass Sie mit Ihrem ausgearbeiteten Manuskript auch zufrieden sein können und damit Ihre Vorbereitung beenden.

Den Raum einnehmen

Manche Rednerinnen und Redner trauen sich zu Beginn ihres Wortbeitrages nicht, direkt ins Publikum zu sehen. Wenn sie dann nach ein paar Sätzen doch hochschauen, bringt sie allein der ungewohnte und plötzliche Anblick der vielen Köpfe aus dem Konzept.

Falls Sie von einem Podium aus sprechen oder hinter einem Rednerpult stehen werden, dann wird Ihr Blick in den Raum von diesem Standort aus ein völlig anderer sein als von einem Zuschauerstuhl aus. Deshalb ist es empfehlenswert, dass Sie sich an die

Nehmen Sie früh Kontakt zum Publikum auf.

Aussicht, die Sie vom Rednerpult aus in den Raum haben werden, rechtzeitig gewöhnen. Versuchen Sie schon einige

Zeit, bevor Sie dran sind, an diesem Platz oder zumindest in der Nähe zu stehen. Schauen Sie sich von da aus die Zuschauer/innen an, und gewöhnen Sie sich an diese Blickperspektive.

Ich selbst bin sehr gerne frühzeitig vor einem Vortrag in dem entsprechenden Raum. Ich stehe dann vorn, etwas an der Seite und sehe zu, wie die Zuhörenden nach und nach eintreffen. Ich beobachte dabei ihre Gesichter und versuche, mir ein Bild von dem Publikum zu machen. An der Art, wie die Menschen den Raum betreten und wie sie sich verhalten, kann ich sehen, ob sich viele untereinander kennen und miteinander reden oder ob sie eher vereinzelt kommen und sich stumm auf einen Stuhl setzen. Ich kann mir dabei auch einen Eindruck von der Akustik machen, die in dem Raum herrscht. Bei dem Gemurmel, das allmählich entsteht, lässt sich hören, ob es einen Widerhall im Raum gibt und ob das Stühlerücken und Geraschel gut vom Teppichboden geschluckt wird. Ich »schnuppere« so die Atmosphäre, die langsam im Raum entsteht. Für mich sind diese genauen Beobachtungen sehr beruhigend und ich kann dabei meine »Fühler« ausstrecken, um Kontakt zu den Menschen und der räumlichen Umgebung zu bekommen.

Machen Sie es sich bequem

Viele Frauen reagieren zunächst verdutzt, wenn wir sie nach ihrer ersten Übungsrede fragen, ob sie beim Sprechen bequem gesessen oder gestanden haben. Für viele hat Bequemlichkeit nichts mit einer Rede vor einem Publikum zu tun. Im Gegenteil – die meisten gehen sogar davon aus, dass sie es als Rednerin sehr unbequem haben werden, ja dass eine gewisse Portion

Bauen Sie Anspannungen ab.

Ungemütlichkeit sogar notwendig ist. Und mit diesem Glauben sitzen oder stehen viele, lange bevor sie mit ihrer Rede dran sind, in einer verspannten Haltung. Und die meisten schaffen es, mit viel zusätzlicher Energie ihre Muskelverspannung in der Wartezeit und in der Redezeit aufrechtzuerhalten. Diese Anspannung aber verstärkt die Nervosität und das Erleben von Stress.

Dabei ist es nicht nötig, dass Sie als Rednerin neben Ihrer Sprecharbeit auch noch zusätzliche Unbequemlichkeiten ertragen müssen. Sie können es sich trotz der relativ herausragenden Situation, in der Sie als Rednerin stecken, so gemütlich wie möglich machen.

Hier sind ein paar Tipps, mit deren Hilfe Sie es sich vor und während der Rede bequem machen können.

Gehen Sie unangenehmen Personen oder Situationen vorher aus dem Weg

Vermeiden Sie vor Ihrer Rede Menschen und Gegebenheiten, die Sie unnötig belasten könnten. Sorgen Sie dafür, dass Sie bequem und sicher an dem Ort ankommen, an dem Sie reden werden. Wenn Sie als Autofahrerin fürchten, dass der Straßenverkehr Ihre Nerven strapazieren könnte, leisten Sie sich ein Taxi oder benutzen Sie öffentliche Verkehrsmittel.

Gehen Sie den Menschen aus dem Weg, die selbst nervös, ängstlich oder ärgerlich sind. Solche Emotionen können leicht ansteckend sein.

Nehmen Sie eine entspannte Körperhaltung ein

Bereits bevor Ihre Rede beginnt, können Sie dafür sorgen, dass Sie beim Gehen und Stehen eine aufrechte, aber entspannte Haltung einnehmen.

Machen Sie zwischendurch immer mal wieder einen innerlichen »Haltungs-Check«: Achten Sie darauf, dass Sie keinen Körpermuskel unnötig anspannen. Versuchen Sie auch Ihr Gesicht zu entspannen. Manche merken überhaupt nicht, wie sehr sie ihre Kieferpartie, ihre Stirn oder die Nackenmuskeln verspannen. Daraus können leicht Kopfschmerzen entstehen, die Ihnen Ihre Bequemlichkeit verderben könnten.

Kleiden Sie sich angemessen und bequem

Tragen Sie möglichst Kleidungsstücke, in denen Sie sich nicht eingeengt fühlen. Kleiden Sie sich so, dass Sie dem Sitz Ihres Rockes, der Bluse oder des Gürtels nicht viel Aufmerksamkeit zu schenken brauchen. Sachen, die verrutschen oder in denen Sie sich »fremd« fühlen, verursachen ein unnötiges Unbehagen. Es ist deshalb sinnvoll, dass einerseits Ihre Kleidung zu dem Redeanlass passt, dass es sich aber andererseits auch um Kleidungsstücke handelt, die von selbst gut sitzen und in denen Sie sich wohl fühlen.

Wir haben in unseren Seminaren häufig beobachtet, dass hochhackige Schuhe bei vielen Frauen einen unsicheren Gang verursachen. Besonders wenn die Rednerin nach vorne zum Redepult geht, wirkt sie mit hohen Absätzen – wenn auch nur minimal, so doch deutlich sichtbar – schwankend. Falls sie dann noch einen engen Rock trägt, kommt noch ein trippelnder Schritt hinzu. Außerdem führen hochhackige Schuhe häufig zu einer Körperhaltung, bei der die Beine (besonders die Wadenmuskulatur) sowie der Beckenbereich zusätzlich angespannt werden. Aus diesen Gründen empfehlen wir unseren Teilnehmerinnen flache Schuhe, in denen sie sowohl sicher schreiten können als auch vor dem Publikum entspannt stehen können.

Schalten Sie Störendes aus

Wenn Sie mit dem Reden vor dem Publikum beginnen, achten Sie wiederum darauf, dass Sie es sich so bequem wie möglich machen. Arrangieren Sie am Rednerpult alle Dinge so optimal wie möglich. Falls nötig, sorgen Sie dafür, dass das Mikrophon in der richtigen Position ist, sodass Sie ohne sich zu bücken oder zu recken gut hineinsprechen können. Wenn es noch irgendetwas gibt, was Sie stört, dann bitten Sie um Abhilfe, bevor Sie anfangen. Falls der Straßenlärm Ihnen zu laut ist, lassen Sie die Fenster schließen, und auch die Tür zum Flur kann geschlossen werden.

Dabei kann es sein, dass Ihr Publikum einen Moment wartet, bis Sie sich und die Dinge um sich herum in die richtige Positur gebracht haben. Das ist vollkommen in Ordnung und zeigt, dass Sie eine Rednerin sind, die Ihre Sache ernst nimmt.

Die Signale des Körpers begrüßen

Wenn das Halten einer Rede nicht Ihr normales Alltagsgeschäft ist, sondern nur hin und wieder vorkommt, dann werden Sie diese Situation als etwas Besonderes erleben. Das heißt, Sie werden wahrscheinlich Gefühle und körperliche Empfindungen bemerken, die Ihnen anzeigen, dass Sie etwas Außergewöhnliches tun. Eine Rede ist etwas anderes als Einkaufengehen oder Zähneputzen, deshalb ist es auch in Ordnung, wenn Sie sich neugierig und aufgeregt fühlen. Versuchen Sie bitte nicht, diese Gefühle abzuschalten oder wegzuschieben. Kämpfen Sie nicht gegen das an, was Ihr Körper Ihnen als Hilfe zukommen lassen möchte, denn mit dem kribbeligen Gefühl und dem Herzklopfen signalisiert Ihnen Ihr Körper, dass er »mitspielt«. Ihr Gehirn, Ihr Herz und Ihr Kreislaufsystem, Ihre Muskeln und Nerven stellen sich auf dieses besondere Vorhaben ein. Nehmen Sie das wahr, was in Ihnen vorgeht, und begrüßen Sie diese körperlichen Veränderungen.

Akzeptieren Sie all Ihre Gefühle und Körperreaktionen.

Sie werden eben nicht völlig cool und absolut unberührt Ihre Rede halten. Glücklicherweise werden Sie, im wahrsten Sinne des Wortes, mit Leib und Seele dabei sein.

Die Kunst der Rede

Die Botschaften der Körpersprache

Mit unserem Körper drücken wir verschiedene Aspekte unseres Daseins aus. In der Gestik und Mimik, in unserer Körperhaltung, in der Art, wie wir uns bewegen, wird Folgendes sichtbar:

- Unsere seelische Befindlichkeit spiegelt sich darin wider
- die unterschiedliche Art und Weise, wie Frauen und Männer sich bewegen, also geschlechtsspezifische Unterschiede
- der gesellschaftliche Status oder zu welcher Bevölkerungsschicht jemand gehört
- die Kultur, in der wir leben

In unserem Buch soll es besonders um die Aspekte der Körpersprache gehen, die Frauen betreffen – besonders Frauen, die vor anderen Menschen sprechen möchten.

Zunächst ein Beispiel dafür, wie die typisch weibliche Körpersprache im Laufe unserer Kindheit eingeübt wird.

Für kleine Mädchen, im Alter von drei oder fünf Jahren, war es nicht leicht, sich gegenüber den Erwachsenen oder Geschwistern zu behaupten. Viele erleben in dieser Zeit, dass sie manche Wünsche eher erfüllt bekommen, wenn sie so sind, wie Erwachsene sie gerne sehen wollen: ein kleines, niedliches, braves Mädchen. Wenn es darum geht, sich durchzusetzen, lernen Mädchen häufig, dass es günstig ist, beim Sprechen den Kopf schräg zu legen, leicht zu lächeln und die Stimme anzuheben.

Diese Körpersprache des »niedlichen Mädchens« hatte damals ihre Wirkung. Wir konnten uns auf diese Weise hin und wieder durchsetzen. Jedenfalls ging es so meistens besser, als wenn wir mit dem Fuß aufstampften und in wütendes »Ich-will-aber«-Geschrei ausbrachen. Die Niedliche-Mädchen-Tour hat funktioniert und das prägt sich ein, wird zur Gewohnheit. Und so kommt es, dass wir heute mit 35 oder 45 Jahren den Kopf schräg legen, plötzlich in eine höhere Tonlage gehen und lächeln, wenn wir ein wichtiges Anliegen durchsetzen wollen.

Die Niedliche-Mädchen-Tour raubt Ihnen die Selbstsicherheit.

Und meist merken wir nicht (besonders die höhere Tonlage wird kaum bewusst wahrgenommen), wenn sich unsere Körpersprache automatisch verändert – sozusagen gewohnheitsmäßig. Und aus ebendiesen Erfahrungen heraus sehen die Gesprächspartner oder die Zuhörenden auch ein kleines Mädchen vor sich stehen, das lächelnd »Bitte, bitte« sagt, und nicht die erwachsene Frau, die es ernst meint mit sich und dem, was sie sagt.

Es ist in der Tat ein Unterschied, ob sich eine Frau ihrer Körpersprache bewusst ist und sie zielgerichtet eine entsprechende Portion Charme oder Freundlichkeit einsetzt, um ihre Interessen zu verfolgen, oder ob sie bei jeder passenden und auch unpassenden Gelegenheit ein »Hab-mich-lieb«-Lächeln im Gesicht trägt. Wenn der weibliche

Das »Hab-mich-lieb«-Lächeln ist eine Gewohnheit.

»Hab-mich-lieb«-Ausdruck eine unbewusste Gewohnheit ist, kommt es leicht vor, dass diese Gewohnheit eine Art »Selbstsabotage« zur Folge hat. So passiert es Frauen immer wieder, dass sie den Ernst und die Bedeutung ihrer Reden durch die klein machende und verniedlichende Körpersprache selbst widerlegen.

So finden Sie Ihre passende Körpersprache.

Dazu ein Beispiel aus einem Seminar:

Eine Teilnehmerin probte eine Rede, mit der sie politische Ausschüsse davon überzeugen wollte, in bestimmten Wohngebieten Geschwindigkeitsbegrenzungen anzubringen. Als sie zum wichtigsten Punkt ihres Redebeitrags kam, sprach sie mit sehr kraftvollen Worten, aber gleichzeitig blickte sie dabei nach unten, während sie mehrmals kurz hintereinander beide Schultern hochzog. Beide Schultern mehrmals hochziehen heißt in unserem Kulturkreis »Ich weiß nicht« oder »Ich bin mir nicht sicher«. Zusammen mit dem gesenkten Blick sabotierte ihre »Ich weiß nicht«-Geste mit den Schultern die Aussagekraft ihrer Worte. Sie sprach energische Forderungen aus, während sie mit dem Körper ein Fragezeichen setzte. Der betreffenden Teilnehmerin war das selbst nicht bewusst. Das Schulterzucken war einfach eine Angewohnheit, die sie auch sonst in Gesprächen fast unmerklich zeigte. Erst durch die Videoaufnahmen im Seminar sah sie selbst, wie sehr diese kleinen Gesten die Überzeugungskraft ihrer Rede untergruben.

Es ist schwirig, bestimmte »eingefleischte« Gesten nicht mehr zu machen. Meist wirkt es sehr steif, wenn Menschen versuchen, sich zusammenzureißen, und dabei einen Körperteil krampfhaft unter Kontrolle halten wollen. Für die meisten ist es einfacher, anstelle der Gewohnheitsgeste eine neue, passendere Geste zu machen. Die oben beschriebene Frau probierte verschiedene Gesten und Bewegungen beim Reden aus und sah sich das Ergebnis anschließend in der Videoaufnahme an. Sie fand dabei heraus, dass ein Sich-Aufrichten und Die-Schultern-dabei-nach-hinten-Nehmen kraftvoller und überzeugender wirkten und auch gut zu ihr selbst passten. Die neue Proberede fiel dadurch auch sehr viel eindrucksvoller aus. Sie schaute an den entscheidenden Stellen ihrer Rede die Zuhörenden an und schob die Schultern ganz leicht nach hinten, während sie ihren Oberkörper etwas mehr aufrichtete. Jetzt passte ihre Körpersprache mit dem zusammen, was sie sagte.

Ein kurzer »Haltungs-Check«, das kurze Sich-bewusst-Werden der eigenen Körperhaltung vor der Rede und während der entscheidenden Redestellen, half der Teilnehmerin, sich rechtzeitig an ihre neue Körpersprache zu erinnern.

Bei der Beobachtung von Körpersprache ist auffällig, dass Frauen (im Vergleich zu Männern) eine eher Platz sparende Körperhaltung zeigen. Im Sitzen werden die Beine meist übereinander geschlagen, dadurch hat nur noch ein Fuß den Kontakt zum Boden, die Arme liegen eng am Körper, der Kopf ist eingezogen, häufig sind auch die Schultern künstlich verschmälert, indem sie nach vorne gebeugt oder leicht hochgezogen wurden. Weit ausladende Arme, die über die Lehnen gelegt werden, ein in die Welt hinausgestrecktes Kinn und bequem abgestellte Beine – das ist eher eine typisch männliche Sitzhaltung.

Körpersprache wird nicht nur einstudiert und erlernt, sondern drückt auch unsere seelische Verfassung aus. Das Drehen der Haare, das Herumkauen auf der Unterlippe, das sind Gesten der Verlegenheit und der Unsicherheit. Bei vielen Frauen treffen diese verschiedenen Seiten der Körpersprache zusammen: das Gelernte, das Gewohnheitsmäßige und der seelische Ausdruck. Sie haben Gesten und Haltungen gelernt, mit denen sie gewohnheitsmäßig Unsicherheit und Selbstverkleinerung ausdrücken. Und diese angewöhnten Gesten und Haltungen wirken nicht nur auf

Ihre Körpersprache wirkt sich auch auf Ihre Gefühle aus.

Gesprächspartner/innen oder die Zuhörenden, sondern diese Körperhaltung wirkt auch auf die Betreffende selbst zurück. Eine selbst verkleinernde Körpersprache kann das innerliche Gefühl von Unsicherheit und Selbstzweifel überhaupt erst auslösen oder verstärken.

Umgekehrt können Sie mit einer aufrechten und präsenten Haltung sich selbst innerlich stärken, wenn Sie sich ängstlich und klein fühlen. Die Selbstsicherheit, die Sie mit Ihrem Körper ausstrahlen, wirkt auch auf Sie zurück. Dazu bieten wir Ihnen hier eine Übung an:

▶ Übung: Die stärkende Körperhaltung

Setzen Sie sich so auf einen Stuhl oder Sessel, dass Sie das Gefühl haben, in einer sehr mutigen Haltung zu sitzen. Wenn für Sie der Begriff Mut eher etwas mit einer kriegerischen Verbissenheit und Verkrampfung zu tun hat, dann nehmen Sie dafür das Wort »Zuversicht« oder »innere Stärke«.

Setzen Sie sich so hin, dass Sie Zuversicht und innere Stärke ausstrahlen. Bleiben Sie in dieser Haltung und nehmen Sie alle unnötigen Anspannungen aus Ihren Muskeln heraus, ohne dabei »schlapp« zu werden. Das heißt: Sitzen Sie aufrecht, aber nicht verspannt. Sie können sich in dieser Haltung auch bewegen, zum Beispiel reden oder sich unterhalten. Sie brauchen nicht starr dazusitzen. Wenn Sie mit Ihrem Mut, Ihrer Zuversicht und Ihrer inneren Stärke in Kontakt sind, dann strahlen Sie das auch in Ihren Bewegungen aus.

Probieren Sie dasselbe auch im Stehen und Gehen aus. Sie werden dort ebenfalls Haltungen und Bewegungen finden, mit denen Sie nach außen Selbstsicherheit ausdrücken können und die auch nach innen Ihr Selbstbewusstsein stärken.

Machen Sie zum Abschluss eine Art »inneres Foto« von Ihrer mutigen, kraftvollen Haltung. Versuchen Sie, sich das Körpergefühl, das Sie damit verbinden, einzuprägen. Sie können sich dann selbst vor und während einer Rede in diese Körperhaltung bringen.

Aufmerksamkeit erzeugen

Wahrscheinlich haben Sie das auch schon einmal erlebt: Sie hören einen Vortrag oder eine Rede und Sie sind sich ziemlich sicher, dass es sich um ein höchst interessantes Thema handelt. Nur leider wird das Ganze so langweilig und uninteressant vorgetragen, dass Sie kaum zuhören können. Der monotone Strom der Worte lullt Sie ein, Ihre Gedanken schweifen ab und auch sonst gibt es im Raum kaum etwas, was Ihre Aufmerksamkeit fesselt. Sie fragen sich, wie lange dieser Vortrag wohl noch dauern wird.

Wenn eine Rede oder ein Vortrag langweilig dargeboten wird, merkt es häufig die Rednerin/der Redner zuletzt. Sie oder er ist viel zu sehr mit dem Reden beschäftigt, um die kleinen Zeichen der Unaufmerksamkeit zu sehen. Da gähnt jemand zum wiederholten Male, da liest ein anderer in seinen Unterlagen, in der letzten Reihe wird getuschelt, viele sind auf ihrem Stuhl etwas herabgesackt und schauen lange und ausführlich an die Decke oder auf den Fußboden. Wenn die Zuhörenden sich langweilen, dann tun sie das in der Regel leise, ja fast unmerklich. Deshalb hier ein paar Hinweise, wie Sie Ihre Redebeiträge interessant und lebendig darbieten können.

Verständlichkeit

Die Aufmerksamkeit des Publikums erlahmt schnell, wenn der Wortbeitrag über weite Strecken unverständlich ist. Das muss nicht nur an einer leisen oder undeutlichen Aussprache liegen, sondern kann auch durch den möglicherweise komplizierten, abstrakten Inhalt der Rede verursacht werden. Vor allem wenn Sie als Fachfrau oder Expertin zu einem Thema sprechen, in dem Sie sich gut auskennen, laufen Sie schnell Gefahr, Fachbegriffe zu verwenden, die manchen Zuhörenden nicht bekannt sind. Wahrscheinlich reden Sie dann ganz selbstverständlich über Dinge, die eben nicht jede/jeder von selbst versteht. Auch dann, wenn Sie vor lauter Fachkolleginnen und -kollegen sprechen, kann es sehr nützlich sein, einzelne Fremdworte oder abstrakte Vorgänge anschaulich zu erläutern. Auch Fachleute untereinander haben keinen einheitlichen Wissensstand.

Die Verständlichkeit Ihres Wortbeitrages können Sie mit ein paar generellen »Tricks« verbessern, die ich Ihnen hier vorstelle. Prüfen Sie, ob diese Anregungen in Ihre Rede passen:

Beispiele bringen

Mit Beispielen aus dem Alltag können Sie an das anknüpfen, was die Zuhörenden bereits kennen. So lassen sich auch abstrakte Vorgänge oder Theorien anschaulich vortragen.

Bildhafte Sprache, Analogien, Metaphern verwenden

Manche Vorgänge lassen sich gut durch bildliche Umschreibungen verdeutlichen. Wenn ich beispielsweise davon spreche, dass das »Angstkarussell schneller kreist«, dann ist das ein bildhafter Ausdruck für die Zunahme von Angst. Eine Metapher ist zum Beispiel der Begriff »innere Vorschrift«. Damit wird der seelische Prozess, bei dem sich Menschen selbst unter Druck setzen, mit einem verständlichen Begriff umschrieben.

Der Einsatz visueller Hilfsmittel

Vor allem Flipcharts und Overheadprojektoren (die auch Tageslichtprojektoren genannt werden) lassen sich gut bei Vorträgen einsetzen. Ein Flipchart ist eine Art Stelltafel mit einem großen Papierblock. Sie können dort mit einem dicken Filzstift Grafiken, Stichworte oder die einzelnen Punkte, zu denen Sie sprechen, sichtbar machen. Dafür ist es wichtig, dass Sie das, was Sie visualisieren, so schreiben oder zeichnen, dass es auch von den weit entfernten Zuhörerplätzen aus gesehen werden kann. Der Einsatz eines Flipcharts ist nur bei einer Anzahl von bis zu ca. 25 Zuhörern angebracht. Wenn Ihnen mehr Leute zuhören, ist es sinnvoller, einen Overhead- oder Tageslichtprojektor einzusetzen. Hierbei wird eine durchsichtige, beschriftete Folie, die auf einer Lichtplatte liegt, vergrößert und auf eine Leinwand projiziert. Dieses Gerät können Sie natürlich auch in einer kleinen Gruppe einsetzen, wie etwa bei einer Mitarbeiterbesprechung, aber Sie können damit auch in großen Auditorien und Sälen arbeiten. Für das Gerät brauchen Sie durchsichtige Folien, die Sie im Schreibwarenhandel bekommen. Dort erhalten Sie auch spezielle (Farb-)Stifte, mit denen sich diese Folien beschriften lassen. Sie können aber auch getippte Texte oder andere Zeichnungen mithilfe eines Fotokopierers auf diese Folien kopieren.

Für den Einsatz des Flipcharts wie auch des Overhead- bzw. Tageslichtprojektors gilt, dass auf einer Seite nicht zu viel stehen sollte, da sonst die Informationen zu klein und somit schlecht lesbar wären und ein voll geschriebenes Flipchart-Blatt oder eine überladene Folie für die Zuhörenden eher verwirrend als hilfreich ist. Einige Rednerinnen (und auch Redner) machen den Fehler, dass sie sich bei der Erläuterung eines Flipchart-Blattes oder einer Folie vom Publikum abwenden und zur Leinwand oder zum Flipchart sprechen. Sie werden dann in der Regel von der Zuhörerschaft nicht oder kaum noch verstanden. Wenn Sie also ein Flipchart-Blatt oder eine Folie dem Publikum erklären, stellen Sie sich am besten neben das jeweilige Gerät und sprechen Sie zum Publikum hin.

Wenn Sie sich solcher Hilfsmittel bedienen, dann ist es wichtig, dass Sie sich vor Ihrer Rede genügend Zeit nehmen, um zu überprüfen, ob alles funktioniert und ob Sie mit der Bedienung während Ihres Redebeitrages auch zurechtkommen.

Die Gliederung des Redebeitrags bekannt geben
Besonders wenn Sie eine längere Rede halten, ist es für die Zuhörenden leichter, Ihnen zu folgen, wenn Sie die Gliederung Ihres Beitrages bekannt geben, zum Beispiel indem Sie die Punkte, zu denen Sie sprechen wollen, zu Beginn kurz nennen. Noch besser ist es, wenn Sie Ihre Gliederung auf einer Overheadprojektor-Folie oder einem Flipchart für alle sichtbar machen. Sie können dann während Ihrer Rede den Punkt markieren, an dem Sie gerade sind. Falls Sie zwischendurch nicht weiterwissen, genügt meist ein Blick auf die Folie oder auf das Flipchart, um den Anschluss wieder zu finden.

Eine deutliche Aussprache
Manchmal sind Rednerinnen und Redner unverständlich, weil sie eine undeutliche Aussprache haben. Besonders wenn die Akustik im Raum ungünstig ist, zum Beispiel durch viele Nebengeräusche (wie Straßenlärm) oder wenn kein Teppichboden vorhanden ist und jedes Stuhlrücken laut schallt, dann ist es wichtig, dass Sie besonders langsam und deutlich sprechen. Um mit der Stimme den Raum zu durchdringen, kann es hilfreich sein, dass Sie sich beim Sprechen vorstellen, Sie wollten mit Ihren Worten die gegenüberliegende Wand erreichen. Sprechen Sie dabei betont langsam, sehr viel langsamer, als Sie es gewohnt sind, und machen Sie nach jedem Satz eine kurze Pause.

Ihre Aussprache wird insgesamt deutlicher, wenn Sie betont langsam sprechen und die Worte nicht zusammenziehen, sondern einzeln und klar voneinander getrennt aussprechen.

In sehr seltenen Fällen ist die Ursache für eine undeutliche Aussprache ein Sprachfehler. In einem solchen Fall ist es ratsam, sich an eine/n Fachfrau/Fachmann für Sprachheilkunde oder Sprecherziehung zu wenden.

Präsentes Auftreten

Die Kunst, Aufmerksamkeit zu erzeugen, besteht zunächst einfach darin, selbst aufmerksam zu sein. Sie werden dann vom Publikum aufmerksam angesehen, wenn Sie Ihrerseits aufmerksam ins Publikum sehen. Bereits vor Ihrer Rede, wenn Sie an das Rednerpult treten oder auf das Podium kommen, können Sie allein durch eine ruhige, sehr präsente Ausstrahlung Aufmerksamkeit erzeugen.

Viele Rednerinnen und Redner verschenken die ersten Augenblicke vor Beginn ihrer Rede, indem sie viel zu hastig ans Rednerpult treten, mit flüchtigen Bewegungen die Manuskriptseiten ordnen und dann ohne ins Publikum zu sehen, eher nebensächlich, ihre ersten Worte sagen. Dieser Auftakt geht sehr wahr- **Schauen Sie ruhig und lange ins Publikum.** scheinlich in der noch herrschenden allgemeinen Unruhe unter, weil das Publikum sich ebenso wenig wie die Rednerin/der Redner innerlich gesammelt hat und aufmerksam für die nun kommende Rede ist.

Den präsenten Auftritt zu Beginn Ihrer Rede können Sie so gestalten:

– Gehen und bewegen Sie sich ruhig und gelassen.
– Nehmen Sie, bevor Sie anfangen zu sprechen, eine aufrechte und unverkrampfte Haltung ein.
– Schauen Sie die Zuhörenden (wenn sie wollen lächelnd) an.

Falls es im Raum unruhig ist, können Sie in dieser aufmerksamen Haltung bleiben und das Publikum ansehen, bis die Anwesenden merken, dass es jetzt losgeht, und ruhiger werden.

Sich warm reden

Neben dem ruhigen und präsenten Beginn Ihrer Rede sind auch Ihre Stimme und Ihr Tonfall wichtige Erzeuger von Aufmerksamkeit. Zuhörende brauchen ein bis zwei Minuten, um sich auf Ihre Stimmlage einzustellen. Sie selbst benötigen als Rednerin auch ein wenig Zeit, um sich daran zu gewöhnen, wie Ihre Stimme in dem Raum klingt und mit welcher Lautstärke Sie am besten reden können. Sie und das Publikum stellen sich zu Beginn Ihrer Rede also aufeinander ein, so wie wir etwa im Radio den Sender genau einstellen, um einen klaren Empfang zu haben. Ihre ersten Sprechminuten brauchen alle Beteiligten für diese Einstellungsarbeit. Geben Sie sich einige Minuten zum Warm-Reden und den Zuhörenden einige Minuten zum Warm-Hören. Die zentrale Aussage oder andere wichtige Dinge, von denen Sie möchten, dass alle sie hören und verstehen, sagen Sie besser nicht in dieser Einstellungszeit. Fangen Sie Ihren Wortbeitrag mit einer Begrüßung, ein paar netten Worten oder einem Dank für die Einladung an.

Das Publikum braucht Zeit, um sich auf Ihre Stimme einzustellen.

Falls Sie eine engagierte, provozierende Rede halten wollen, können Sie damit beginnen, wie Sie zu Ihrem Standpunkt gekommen sind oder was Sie veranlasst hat, jetzt zu reden. Nachdem Sie sich warm geredet haben, sind wahrscheinlich auch sämtliche »Frösche« oder »Klöße« aus Ihrem Hals heraus und Sie kommen nun zu Ihren zentralen Aussagen.

Den eigenen Sprechstil entfalten

Mit dem eigenen Sprechstil kommen zwei Aspekte der Kommunikation zum Ausdruck: die eigene Persönlichkeit – wer ich bin – und die Wirkung des Sprechens nach außen – was ich bei anderen bewirken will.

Vielfach wird in den traditionellen Rhetorik-Kursen lediglich die Wirkung der Rede nach außen trainiert. Der Aspekt, dass Sprechen auch eine Art der Selbstdarstellung und des Ausdrucks des eigenen Soseins ist, wird meist vernachlässigt. Dabei kann die Entfaltung eines individuellen Sprechstils auch ein Beitrag zur Persönlichkeitsentwicklung sein.

Frauen (und auch Männer), die unter Redeangst leiden, mögen meist die Art und Weise, wie sie sprechen, nicht. Viele unserer Seminarteilnehmerinnen fanden zu Beginn des Seminars ihre Stimme, ihre Bewegungen und ihren Gesichtsausdruck beim Sprechen »einfach schauderhaft«. Besonders wenn sie zum ersten Mal eine Videoaufnahme von sich selbst sahen, hatten viele den Eindruck, dass ihr Sprechstil »furchtbar« ist.

Im Allgemeinen besteht ein deutlicher Zusammenhang zwischen dem Ausmaß des Lampenfiebers und der Ablehnung der eigenen Sprechweise. Je mehr eine Frau glaubt, die Art und Weise, wie sie spricht, sei falsch und mangelhaft, desto mehr Angst wird sie vor einer Rede haben. Und die Angst wiederum bewirkt, dass sie schnell, undeutlich oder monoton spricht, was die Betreffende dann wiederum »schauderhaft« findet.

Dieser Kreislauf von Selbstablehnung und Angst wirkt wie ein großer Deckel, durch den der persönliche Sprechstil abgedeckt und unterdrückt wird. Nimmt das Lampenfieber hingegen ab, kann der Deckel gelüftet werden und ein wirkungsvolles, höchst individuelles Redeverhalten kommt zum Vorschein. Bei den Frauen, die zuvor aufgrund ihres

Lampenfiebers sehr bewegungslos geredet haben, nehmen häufig die Gestik und die Mimik zu. Andere wiederum, die unter Angst zu nervösen und fahrigen Gesten neigten, werden ohne Angst in ihrer Körpersprache ruhiger.

Die meisten sind nach dem Angstabbau auch sehr viel weniger angespannt, sie sehen und hören mehr vom Publikum, achten mehr auf ihre eigenen Gedanken und Gefühle beim Sprechen und können auch angemessener reagieren, wenn während ihrer Rede etwas Unvorhergesehenes passiert. Vor allem aber steigt die Sympathie jeder Einzelnen für die Art und Weise, wie sie selbst spricht. Und damit wächst der Mut, mit der eigenen Sprechweise zu experimentieren.

Auch Sie haben Ihren eigenen Sprechstil, der dann zum Vorschein kommt, wenn Sie angstfrei vor oder mit anderen Menschen sprechen können. Achten Sie einmal darauf, wie Sie reden, wenn Sie ohne Angst Ihren Verwandten, Kollegen oder Freunden von einem Erlebnis berichten. In solchen ungezwungenen Redesituationen haben die meisten eine ganz persönliche Art zu sprechen, die bei den Zuhörern ankommt.

Wenn Sie keine Angst haben, sprechen Sie lebendig.

Wenn Ihr Lampenfieber geringer geworden ist, wird es Ihnen leichter fallen, auch vor einer Gruppe eine Rede in Ihrem persönlichen Sprechstil zu halten. Und Sie können diesen Stil flexibel einsetzen, und zwar je nachdem, welche Ziele Sie mit Ihrer Rede verfolgen und wie die jeweilige Situation beschaffen ist. Wenn Sie beispielsweise ein neues Konzept auf der Mitarbeiterbesprechung in der Firma vorstellen, werden Sie anders auftreten und sprechen, als wenn Sie auf einem Kindergeburtstag den kleinen Gästen ein Spiel erklären möchten. Ihr Sprechstil ist dabei weniger ein starres Verhaltensmuster, sondern viel eher ein Reservoir von Ausdrucksmöglichkeiten.

Falls Sie bis jetzt wenig Gelegenheiten hatten, um Ihren Sprechstil überhaupt kennen zu lernen und zu entfalten, dann verschaffen Sie sich selbst mehr Möglichkeiten zum Experimentieren. Zum einen können Sie überlegen, ob Sie in Ihrem Alltag häufiger Gelegenheiten ergreifen können, bei denen Sie einen Wortbeitrag oder eine kleine Rede halten. Vielleicht ergeben sich solche Möglichkeiten am Arbeitsplatz, in einem Fortbildungskurs, bei einer Diskussionsveranstaltung oder einer Feier im Familien- oder Freundeskreis. Auch wenn Sie noch nicht sicher sind, dass Sie wirklich »toll reden« können, versuchen Sie dennoch, sich selbst im Alltag eine »Rede-Chance« zu geben.

Entfalten Sie Ihren Sprechstil.

Sie können auch zu Hause allein oder in einer kleinen Gruppe ein paar Experimente mit Ihrem Redeverhalten durchführen. Mithilfe einer Videokamera können Sie Ihr Redeverhalten genau studieren. Eine Videokamera gibt es bereits in vielen Privathaushalten. Sie können solche Geräte aber auch gegen eine Gebühr (zum Beispiel in Videotheken) ausleihen. Achten Sie bei Ihren Experimenten darauf, dass Sie sich nicht gegenseitig »auseinander nehmen«. Probieren Sie lediglich ein paar andere Arten des Sprechens aus.

➤ Übung: Anders sprechen

Probieren Sie nacheinander ein paar neue Sprechweisen aus.
- Verändern Sie Ihr Sprechtempo und reden Sie einmal schneller und anschließend sehr viel langsamer als gewöhnlich. Bringen Sie danach das langsamere und das schnellere Sprechtempo in ein und derselben Rede unter. Achten Sie darauf, mit welchen Tempo Sie besser zurechtkommen und welche unterschiedliche Wirkung langsam bzw. schnell gesprochene Worte haben.
- Vielleicht machen Sie beim Sprechen gewohnheitsmäßig bestimmte Gesten. Das sind häufig Bewegungen, die Ihnen erst auffallen, wenn Sie

sich selbst in einer Videoaufnahme sehen. Probieren Sie aus, was passiert, wenn Sie absichtlich diese Gesten weglassen und dafür keine oder andere Bewegungen machen.
- Stellen Sie Ihren Gesichtsausdruck beim Sprechen in den Mittelpunkt Ihrer Aufmerksamkeit. Reden Sie einmal so, als ob Sie gerade ein ganz spannendes Märchen erzählen würden, und lassen Sie die Dramatik sich in Ihren Gesichtszügen spiegeln.
- Lesen Sie ein und denselben Text vor und sprechen Sie dabei jeweils in einer anderen Stimmhöhe. Lassen Sie Ihre Stimme etwas tiefer werden – ohne dass Sie sich dabei allzu sehr anstrengen. Probieren Sie auch eine höhere, eine lautere oder leisere Stimme aus.

Betrachten Sie diese Übung nicht als rhetorischen »Pflichtteil«, sondern eher als Anregung und Lockerungsübung, um Ihre Sprecherfahrungen zu erweitern. Es kann sein, dass Sie dabei eine Variante beim Sprechen entdecken, die Ihnen persönlich gefällt oder/und die nach außen besonders gut wirkt. Vertiefen Sie diese Erfahrung und üben Sie das Neue. Sie werden nach einiger Zeit entdecken, dass bestimmte Sprechweisen Ihnen mehr liegen und besser zu Ihnen passen als andere. Und Sie werden vor allem mithilfe der Videoaufnahmen erfahren, mit welcher Sprechweise es Ihnen leichter gelingt, Aufmerksamkeit im Publikum herzustellen und sich verständlich auszudrücken.

Die positive Selbstdarstellung

Wenn Sie als Fachfrau zu einem bestimmten Thema sprechen, dann weisen Sie sich ruhig als solche auch vor dem Publikum aus. Die meisten Menschen sind eher bereit, einer Autorität oder einem Experten Glauben zu schenken als einem Nicht-Fachmann oder einer Nicht-Fachfrau. Fachleuten, wie Wissenschaftler/innen, Ingenieuren/Ingenieurinnen, Politiker/innen usw. wird geglaubt, selbst dann noch, wenn sie über Dinge sprechen, die nicht zu ihrem Fachgebiet gehören. Leider gibt es dabei in der Öffentlichkeit immer noch einen Männerbonus, das heißt, wenn als gleichrangige Experten eine Frau und ein Mann sprechen, gilt bei den meisten Menschen – auch bei Frauen – der Mann als der wichtigere und bedeutendere Experte.

Dieser Männerbonus wird auch noch durch die Tatsache verstärkt, dass viele Frauen sehr viel eher als Männer dazu neigen, »tiefzustapeln« und ihre Kompetenzen zu verschweigen. So beginnen Frauen ihre Redebeiträge häufig mit einer Art Selbstverkleinerung, wie zum Beispiel

- eine Entschuldigung dafür, dass sie das Wort ergreifen: »Verzeihung, aber ich möchte dazu auch etwas sagen«
- eine Schmälerung ihrer Kenntnisse: »Ich kenne mich leider nicht so gut aus auf diesem Gebiet, aber ich möchte trotzdem dazu sagen ...«
- eine Abwertung ihres Redebeitrages: »Es ist ja eigentlich schon alles gesagt worden. Ich möchte nur ...«

Frauen fällt es häufig sehr viel schwerer als Männern, sich selbst positiv darzustellen. Die Angst, als Angeberin oder Hochstaplerin dazustehen, setzt bereits dann ein, wenn es lediglich darum geht, sachlich auf die eigenen Fachkenntnisse und Erfahrungen zu verweisen. Vielen Frauen wäre es sehr viel lieber, wenn andere ganz von selbst ihre Leistungen und Kompetenzen bemerken würden.

Umgekehrt fällt es den meisten Frauen ausgesprochen leicht, sich ausführlichst negativ selbst darzustellen. Die eigenen Schwächen, Fehler und Missgeschicke sind ein fast unerschöpflicher Gesprächsstoff.

Wenn wir Frauen in unseren Seminaren darum bitten, über ihre Fehler, Schwächen und Misserfolge zu berichten, dann kann jede Einzelne meist eine Stunde oder länger erzählen. Geht es allerdings umgekehrt darum, dass die

Einzelne über ihr Können, ihre Erfolge und Begabungen spricht, dann fällt vielen Frauen schon nach zwei Minuten Redezeit nichts mehr ein.

Eine innere Vorschrift mit der Aufschrift »Eigenlob stinkt« hindert sie daran, Gutes über sich selbst zu sagen, sich selbst mit dem eigenen Können darzustellen und über die eigenen Leistungen und Erfolge zu sprechen. Dieser innere Maulkorb führt dazu, dass viele Frauen glauben, sie seien nur dann wirklich ehrlich und offen anderen gegenüber, wenn sie sich selbst mit ihren Schwächen und Fehlern präsentieren. Sprechen sie hingegen über ihre Leistungen und Erfolge, entsteht bei vielen das Gefühl, unehrlich zu sein oder zu lügen.

Viele Frauen stellen ihr Licht unter den Scheffel.

Diese Form der Selbstverkleinerung hat in der Kommunikation durchaus einen Sinn. Wenn Frauen selbst im Hintergrund bleiben und sich eher mit ihren Schwächen darstellen, dann sorgen sie dafür, dass beim Gesprächspartner möglichst wenig Rivalität oder Neid ihnen gegenüber entstehen kann. Außerdem lassen sie dadurch ihrem Gesprächspartner den Freiraum, sich selbst in den Vordergrund zu stellen und positiv über sich zu sprechen. Indem Frauen nun ihr Gegenüber anerkennen oder gar bewundern, schaffen sie eine (scheinbar) harmonische und konkurrenzlose Beziehung zu ihrem Gesprächspartner. Insofern ist die fehlende positive Selbstdarstellung von Frauen auch eine (wohl eher unbewusste) Kommunikationsstrategie, um Harmonie in Beziehungen sicherzustellen. Der Preis, den Frauen dafür zahlen, ist ihre eigene Unterbewertung – durch sich selbst und durch andere.

Die mangelnde Fähigkeit sich positiv darzustellen, hat gerade im beruflichen oder geschäftlichen Bereich für Frauen erhebliche Nachteile, denn dort gehört das »Klappern« bekanntlich zum Handwerk.

Frauen, die es dort vermeiden, ihre Kompetenzen und Erfahrungen positiv darzustellen, geraten schnell gegenüber ihren Kollegen oder Konkurrenten ins Hintertreffen. So kommt es dazu, dass viele Frauen tüchtig und kompetent die anstehenden Aufgaben bewältigen, aber die Lorbeeren wie Aufstieg, Gehaltserhöhung und öffentliche Anerkennung ernten die anderen – häufig diejenigen, die sich besser selbst darstellen können.

Wenn Sie in einem Wortbeitrag oder einer Rede Ihr Licht nicht unter den Scheffel stellen wollen, dann üben Sie sich zuvor in der positiven Selbstdarstellung. Nehmen Sie zunächst all die Leistungen und Fähigkeiten, die Sie selbst für »normal« halten und die deshalb für Sie auch nicht weiter der Rede wert sind, und betrachten Sie sie als etwas Besonderes. Erst wenn Sie selbst finden, dass das, was Sie an Leistungen und Fähigkeiten erbringen, etwas Positives ist, können Sie sich auch positiv damit vor anderen darstellen.

Würdigen Sie auch die Leistungen, die Sie für selbstverständlich halten.

Hier einige Vorschläge, wie Sie sich in der positiven Selbstdarstellung üben können.

⇒ Übung: Sich selbst positiv darstellen

Schreiben Sie eine Positiv-Liste: Notieren Sie Ihre Fähigkeiten, Talente, Erfolge und Leistungen. Führen Sie in dieser Liste das auf, worauf Sie stolz sind, was Sie bisher gut geschafft haben und was Sie können. Es geht dabei nicht nur um herausragende Erfolge, sondern vor allem um ihre tägliche Kompetenz, mit der Sie den Alltag bewältigen. Falls Sie sich bei einem bestimmten Redeanlass (zum Beispiel bei einem Fachvortrag, einem Bewerbungsgespräch) positiv darstellen wollen, dann können Sie sich mit einer solchen Liste auf den geforderten Bereich speziell vorbereiten.

Schreiben Sie ein positives Tagebuch: Besonders dann, wenn Sie glauben, es gäbe kaum positive Leistungen und Erfolge in Ihrem Alltag, kann es nützlich sein, dass Sie Ihr tägliches Tun über einen längeren Zeitraum neu betrachten. Schreiben Sie am Ende eines jeden Tages genau auf, was Sie geschafft haben und was Sie gut gemacht haben. Achten Sie besonders darauf, dass Sie die »Kleinigkeiten« und »Selbstverständlichkeiten« dabei nicht unter den Tisch fallen lassen. Schreiben Sie ausschließlich positive Leistungen und Fähigkeiten auf, lassen Sie die Einschränkungen, Abwertungen und Kritiken unberücksichtigt.

Sprechen Sie positiv über sich selbst: Fangen Sie an, mit anderen Menschen über Ihr Können und Ihre Erfolge zu sprechen. Besonders, wenn Sie dazu neigen, sich mit Ihren Schwächen und Mängeln darzustellen, ist es wichtig, dass Sie auch Worte für Ihre positiven Seiten finden. Am Anfang kann es nützlich sein, Ihre positive Selbstdarstellung in Gesprächen zu üben. Nutzen Sie dort die Gelegenheit, um hin und wieder etwas Gutes von sich selbst zu berichten.

Der Mut zur eigenen Meinung

Viele Frauen scheuen sich, ihre Überzeugung in einer Rede auch auszudrücken. Manche haben das Gefühl, damit zu schroff und zu hart aufzutreten.

Eine Teilnehmerin unserer Seminare hatte während einer Übungsrede eine sehr einleuchtende Argumentation für eine bessere Frauenförderung in Betrieben und Behörden entwickelt. Am Schluss ihrer Rede hat sie aber, statt mit einer Forderung und einer flammenden Bekräftigung ihre Meinung zu bekräftigen, lediglich den Satz angehängt: »Wäre es nicht schön, wenn Frauen in diesem Land den gleichen Einfluss wie Männer hätten?« Dieser fragende Satz war im Vergleich zu der zündenden Argumentation, die die Teilnehmerin so brillant entwickelt hatte, ein lascher Redeabschluss.

Als diese Frau ihre Rede auf Video sah, fand sie selbst, dass ihr letzter Satz im Vergleich zur übrigen Rede seltsam schwach und kümmerlich wirkte. Ihre Rede war sehr scharf und kritisch gewesen, aber sie wollte am Schluss noch etwas freundlicher wirken, um beim Publikum nicht den Eindruck zu hinterlassen, sie sei eine »verbissene Kämpferin«.

Vielen Frauen fällt es schwer, ihre volle Stärke und Ausdruckskraft vor einem Publikum zu entwickeln. Wenn sie engagiert und entschlossen ihre Sache vortragen, kommen ihnen häufig ihre inneren Vorschriften in die Quere wie »Du musst umgänglich und diplomatisch sein und nicht mit dem Kopf durch die Wand wollen!« So kommt dann diese »Wäre-es-nicht-schön?«-Abschwächung an den Schluss einer engagierten Rede.

Verzichten Sie auf Abschwächungen beim Reden.

Sprachforscherinnen wie Senta Trömel-Plötz und andere haben darauf hingewiesen, dass Frauen (im Unterschied zu Männern) eher zu einer vorsichtigen Sprechweise neigen.

Dazu gehört

- die Verwendung von einschränkenden Wendungen wie »vielleicht«, »möglicherweise«, »ungefähr«, »ein bisschen«, »vermutlich«, »irgendwie«;
- die Verwandlung eines Aussagesatzes in eine Frage durch ein angehängtes »nicht wahr?« oder »oder nicht?«;
- der häufige Satzanfang mit ich-betonten Formulierungen wie »Meiner Meinung nach ...« oder »Ich denke ...«, »Ich glaube ...«.

Männer hingegen vertreten sehr viel häufiger einen direkten »So-ist-die-Welt«-Standpunkt, und zwar auch dann, wenn sie sich innerlich gar nicht so sicher sind, wie sie sich nach außen hin darstellen.

Normalerweise drücken Männer in Reden, Gesprächen und Diskussionen ihre Ansichten weniger vorsichtig und abwägend als Frauen aus. Dieser männliche Redestandard wird in der Öffentlichkeit – und zwar bei Männern wie

Frauen – mit Selbstsicherheit, Klarheit und Führungskompetenz gleichgesetzt. Nach diesen Normen erzeugen Frauen, die sich vage und mit einschränkenden Redewendungen ausdrücken, den Eindruck von Unsicherheit und Unkenntnis.

Wenn Frauen sich allerdings von einem solchen »weiblichen« Redestil abwenden und anfangen, in der eher männlichen »Daran-gibt-es-nichts-zu-rütteln«-Manier zu sprechen, dann kann es ihnen leicht passieren, dass sie von anderen als unweiblich, hart und aggressiv abgeurteilt werden. So ist die scheinbare »Meinungslosigkeit« von Frauen auch ein Kennzeichen für das Dilemma, in dem sie stecken. Das öffentliche Reden wird sehr leicht zu einer Art Gratwanderung zwischen dem charmanten, weiblichen, aber deshalb auch eher unwirksamen Auftreten und dem »So-ist-die-Welt«-Reden, das bei Frauen leicht mit »unweiblicher« Härte und Verbissenheit in Verbindung gebracht wird. Und viele Frauen wollen mit ihrem Reden zwar ihre Meinung kundtun, aber eben nicht andere vor den Kopf stoßen oder verärgern. So entsteht leicht ein Gemisch aus Meinungsbekundung auf der einen Seite und ein Sich-selbst-Verharmlosen und -Verniedlichen auf der anderen Seite, um eine positive Beziehung zu erhalten.

Verstecken Sie Ihre Stärke nicht.

Möglicherweise neigen Sie dazu (wie viele andere Frauen auch), sich automatisch und unbewusst beim Reden abzuschwächen.

Um das zu verhindern, brauchen Sie nicht unbedingt zum »männlichen« Sprachstil zu greifen. Es ist häufig schon sehr hilfreich, sich vor der Rede zu vergegenwärtigen, wovon Sie selbst überzeugt sind. Ansonsten besteht die Gefahr, dass Ihnen das »Nicht-hinter-der-Sache-Stehen« während des Redens aus dem Knopfloch springt. Mit anderen Worten: Unterschwellig werden Sie den Zuhörenden signalisieren, dass das, was Sie sagen, nicht wirklich das ist, woran Sie glauben. Und so entsteht im Publikum leicht der Eindruck, dass Sie sich zwar Mühe geben, Sie aber nicht ganz glaubwürdig sind.

Umgekehrt können Sie, wenn Sie selbst hinter dem stehen, was Sie sagen, diese besondere Art der Ausstrahlung entwickeln, die sich nur sehr schwer antrainieren lässt. Ihre Körpersprache, Stimme und die Art Ihres Auftretens sind dann passend und stimmig. Überzeugend über das zu sprechen, was Sie selbst für sich als gut und richtig erkannt haben, kostet vergleichsweise wenig Energie. Um dem Publikum eine Meinung »zu verkaufen«, für die Sie selbst nicht einstehen, sind ein enormer Kraftaufwand und viel Schauspielkunst nötig.

Achten Sie am Ende Ihrer Rede darauf, dass Sie sich selbst nicht klein machen und Ihre Aussagen abmildern, indem Sie sich beispielsweise entschuldigen oder plötzlich alles infrage stellen, was Sie gerade gesagt haben. Manchmal ist es nützlich, am Schluss der Rede die Kernaussagen in kurzen, knappen Sätzen zusammenzufassen oder mit einem Wunsch für die Zukunft oder einer Bitte aufzuhören.

Gleichgültig welchen Schluss Sie auch wählen, lassen Sie bitte Ihren Vortrag nicht einfach »ausläppern«, indem Sie noch während Sie die letzten Worte sagen, bereits aufstehen, Ihr Manuskript einsammeln und mit einem »Na ja, das war's« blitzschnell verschwinden. Versuchen Sie, sich einen präsenten Abgang zu verschaffen: Bringen Sie sich bei Ihren letzten Worten nochmals in eine aufrechte, aber nicht angespannte Körperhaltung. Schauen Sie das Publikum an, nachdem Sie Ihre Rede beendet haben, und bleiben Sie noch eine ganz kurze Zeit sitzen oder stehen. Erst dann gehen Sie langsam zu Ihrem Platz zurück.

Jede Menge Überzeugungskraft

Argumentieren hat wenig mit kämpfen zu tun, sondern viel mehr mit werben und verführen. Beim Argumentieren locken wir andere Menschen in unsere Absichten hinein. Dabei sind gute Argumente wie Magnete, die die Richtung des Denkens verändern. Das gelingt nur, wenn unser Gegenüber sein Denken auch verändern lassen will, denn dieser Richtungswechsel kann nur freiwillig stattfinden. Um es gleich vorweg zu sagen: Wenn Ihr Gegenüber seine Meinung auf keinen Fall ändern will, dann kommen Sie selbst mit den besten Argumenten nicht dagegen an. Aber diese Ich-will-mich-nicht-ändern-Haltung ist im Alltag selten. Oft wirken Menschen nur unveränderlich. Mit einigem Geschick und den passenden Schlüsselargumenten lassen sich oft auch dicke Tresore knacken. Dafür brauchen Sie vor allem Ausdauer. Geben Sie nicht eher auf, bevor Sie nicht Ihr ganzes Können ausprobiert haben. Aber was ist überhaupt ein gutes Argument? Und wie können Sie so sprechen, dass die Zuhörenden Ihnen gern folgen? Wenn Ihr Anliegen und Ihr Ziel für Sie besonders wichtig sind, dann nehmen Sie sich ruhig ein wenig Zeit, um die passenden Argumente vorzubereiten. Hier sind eine Reihe von praktischen Tipps, die Ihnen dabei helfen:

Ihr Ziel

Nur wenn Sie ein klares Ziel vor Augen haben, können Sie die Meinung anderer Menschen verändern. Die erste Person, die Sie überzeugen, sind Sie selbst. Wenn Sie mit sich selbst im Reinen sind, können Sie diese Kraft nach außen abstrahlen und andere damit einfangen. Wenn Sie selbst innerlich nicht überzeugt sind, dann fühlen sich andere ermuntert, gegen Sie zu argumentieren. Je klarer Ihr Ziel ist und je mehr Sie selbst davon überzeugt sind, desto kraftvoller und überzeugender wirken Sie nach außen. Bevor Sie anfangen zu reden, legen Sie auch Ihre Grenzen fest. Überlegen Sie, wo Sie nachgeben können und wo Sie unbedingt hart bleiben wollen, wenn Sie über Ihr Ziel mit anderen verhandeln.

Die praktische Vorbereitung: Nehmen Sie sich Zeit und überlegen Sie, wie Ihr bestes Ergebnis aussehen könnte. Wovon wollen Sie die anderen überzeugen? Was möchten Sie bei Ihren Zuhörenden erreichen? Was wollen Sie unbedingt und wobei können Sie nachgeben?

Die passenden Argumente entwickeln

Hier liegt die Betonung auf dem Wort passend. Ein überzeugendes Argument passt zu den Zuhörenden oder zu Ihrem Gegenüber. Es passt in die Gedanken und Ansichten derjenigen, die Sie überzeugen wollen. Genau hier machen manche Menschen einen Fehler. Sie argumentieren mit dem, was für sie selbst überzeugend ist. Aber das ist häufig für die Zuhörenden überhaupt nicht überzeugend. Ein Beispiel dazu: Stellen Sie sich vor, ein Verkäufer möchte Ihnen einen Videorekorder verkaufen. Für ihn sind zwei Argumente sehr überzeugend. Erstens: Er ist am Umsatz beteiligt und bekommt eine Provision, wenn er Ihnen den Videorekorder verkauft hat. Zweitens: Der Lagerplatz wird für neue Geräte gebraucht. Von daher wäre es für ihn persönlich sehr gut, wenn er das Gerät verkaufen könnte. Zwei tolle Argumente – aber nur für den Verkäufer. Mit diesen Begründungen hätte er bei Ihnen keinen Erfolg. Der Verkäufer könnte Sie nur mit Argumenten überzeugen, die zu *Ihren* Interessen und Ansichten passen. Seine Aufgabe wäre es jetzt herauszufinden, womit er Sie gewinnen kann. Und das, was Sie überzeugt, ist etwas anderes als das, was ihn motiviert. Vielleicht lassen Sie sich von dem Argument überzeugen, dass das Gerät leicht zu bedienen und zu programmieren sei. Überzeugende Argumente bieten den Zuhörenden einen Nutzen oder einen Vorteil an. Dazu ist es wichtig, dass Sie wissen, was für Ihr Gegenüber nützlich wäre. Je besser Sie diejenigen kennen, die Sie überzeugen wollen, desto leichter können Sie passende Argumente entwickeln.

Die praktische Vorbereitung: Je mehr Nutzen und Vorteile Sie für die Zuhörenden ansprechen, desto mehr Überzeugungskraft haben Sie. Entwickeln Sie Nutzenargumente. Inwieweit nützt das, was Sie möchten, den Zuhörenden?

Sorgen Sie für eine positive Atmosphäre

Vermeiden Sie Streit und Konfrontation. Andere Menschen zu überzeugen bedeutet, dass Sie einen Lernprozess bei den Zuhörenden in Gang setzen. Wer seine Meinung ändert, tut das nur freiwillig und in einer positiven Atmosphäre. Wird das Gesprächsklima rauer, dann verhärten sich meistens auch die Fronten und die Menschen bleiben bei ihrer Meinung, ja sie versteifen sich sogar noch mehr darauf. Vermeiden Sie deshalb, dass es zu einem Wortgefecht kommt. Reagieren Sie verständnisvoll auf die Gegenargumente Ihrer Zuhörenden. Bemühen Sie sich um eine Ja-Haltung auch dann, wenn Ihr Gegenüber eine vollkommen gegenteilige Meinung vorbringt.

Vermeiden Sie eine vorschnelle Konfrontation.

Die praktische Vorbereitung: Welche Gegenargumente werden die Zuhörenden vorbringen? Wappnen Sie sich vorher und überlegen Sie, was Sie auf diese Gegenargumente antworten können. Wie können Sie Verständnis zeigen und zugleich Ihre eigene Meinung vertreten?

Sammeln Sie Ihre Argumente

Je mehr Argumente Sie für Ihr Ziel finden, desto mehr Zeit können Sie einnehmen. Wenn Sie nur ein oder zwei Argumente haben, dann ist Ihr Pulver schnell verschossen. Mehr Argumente bedeutet, dass Sie längere Sendezeit in Anspruch nehmen können. Manchmal möchten die Zuhörenden, dass Sie viel Zeit in die Überzeugungsarbeit investieren. Je länger das Hin und Her der Meinungen dauert, desto wahrscheinlicher wird es, dass ein positives Ergebnis herauskommt. Aber haben Sie keine Angst, wenn Ihnen nicht viele Argumente einfallen. Sie können jedes Argument mehrfach wiederholen. Manches überzeugende Argument prägt sich den Zuhörenden erst ein, wenn sie es mehrmals gehört haben. Ähnlich wie ein Werbespot, der auch häufiger gezeigt wird. Sortieren Sie Ihre Argumente nach Wichtigkeit und Überzeugungskraft. Gehen Sie dabei vom Standpunkt Ihres Gegenübers aus. Ihre wichtigsten und überzeugendsten Argumente haben einen Nutzen oder einen Vorteil für die Zuhörenden. Aber wie bei einem Skatspiel brauchen Sie alle Karten. Auch die mit einem niedrigen Wert gehören zum Spiel.

Die praktische Vorbereitung: Sammeln Sie alle Argumente, die Ihnen einfallen. Die großen wie auch die kleineren Argumente. Welche Argumente haben Sie für das, was Sie wollen?

Entwickeln Sie Ihre Argumentationsstrategie

Wenn Sie ein größeres Ziel verfolgen, dann stellen Sie sich darauf ein, dass Sie häufiger darüber reden werden. Oft finden mehrere Diskussionen oder Verhandlungen statt, bis eine wichtige Sache entschieden ist. Auch beim Argumentieren gibt es eine Aufwärmzeit. Beginnen Sie nicht mit Ihrem besten Argument. Bewahren Sie sich Ihre zugkräftigsten Argumente zunächst auf. Vielleicht stoßen Ihre Ziele bei den Zuhörenden auf Skepsis. Das ist in Ordnung.

Bauen Sie zuerst eine positive Beziehung zu Ihrem Gegenüber auf. Menschen verändern sich leichter, wenn ihnen Wohlwollen und ehrliche Freundlichkeit entgegengebracht werden. Gerade wenn Sie eine Veränderung erreichen wollen, ist es wichtig, dass Sie das Althergebrachte nicht in Grund und Boden verdammen, nach dem Motto »Was Sie bisher gemacht haben, war großer Quatsch, aber jetzt kommt mein toller Vorschlag.« Oft wird genau das gesagt, wenn auch mit viel feineren und eleganteren Worten. Und damit werden die Zuhörenden zunächst angegriffen. Wenn Sie Menschen gewinnen wollen, dann verprellen Sie sie nicht. Prüfen Sie das Bisherige und suchen Sie sich etwas heraus, was Sie ehrlich anerkennen oder akzeptieren können. Sagen Sie den Zuhörenden, was Sie gut finden, was Ihnen gefällt, und dann bringen Sie Ihr Anliegen vor. Nennen Sie Ihr Ziel einen »Vorschlag« oder eine »Bitte«. Das klingt weniger erdrückend als das Wort »Forderung«.

Die praktische Vorbereitung: Für längere Reden oder häufigere Diskussionen sortieren Sie Ihre Argumente nach Wichtigkeit und Zugkraft. Welches sind Ihre stärksten Argumente, welches sind die schwächeren? Beginnen Sie mit einem schwächeren Argument. Wenn es um Veränderungen geht, sagen Sie den Zuhörenden, was Sie von dem Bisherigen ehrlicherweise anerkennen. Stellen Sie erst dann Ihren Veränderungsvorschlag vor.

Wie Sie plausibel und zielgerichtet argumentieren

Wir möchten Ihnen jetzt eine sehr einfache und wirkungsvolle Methode vorstellen, durch die Sie Ihr Ziel anvisieren und plausibel reden können. Wir haben in unseren Trainings oft beobachtet, dass diejenigen, die sich vorbereitet haben, auch unbedingt ihre sorgfältig zurechtgelegten

Argumente loswerden wollen. Und zwar gleichzeitig. So wird die ganze Vorbereitung blitzschnell abgespult, alle Argumente werden hintereinander hastig heruntergerattert. Die Zuhörenden werden zugeschüttet. Niemand hat etwas davon. Wer zugehört hat, ist nun überfüttert worden, und die Rednerin hat ihre stärksten Argumente ohne große Wirkung abgespult. Für die Zuhörenden ist es wichtig, dass Ihre Gedankengänge nachvollziehbar sind.

Locken Sie die Zuhörenden schrittweise in Ihre Gedanken hinein.

Nur wenn das, was Sie sagen, plausibel klingt, kann es das Denken der anderen verändern. Bei kleineren Gesprächen und Diskussionen reicht es vollkommen, wenn Sie einfach sagen, was Sie möchten, und Ihr Anliegen mit einer Begründung vorbringen, z. B. so: »Ich schlage vor, dass wir diese Sache neu regeln, weil wir dann nicht immer wieder darüber reden müssen. Mein Vorschlag sieht so aus ...«
Wenn es um sehr wichtige Dinge geht, dann kann ein noch geschickteres Vorgehen besser sein. Sie präsentieren Ihr Anliegen schrittweise und locken die Zuhörenden so in Ihre Gedanken hinein. Dieses schrittweise Vorgehen wird Ihnen besonders dann helfen, wenn Sie dazu neigen, in der Aufregung den Faden zu verlieren. Mit fünf einzelnen Schritten können Sie eine Rede oder einen Diskussionsbeitrag logisch und folgerichtig aufbauen. Dabei beginnen Sie mit der Beschreibung des Problems oder der Ausgangssituation und nennen Ihren Vorschlag erst zum Schluss. Das hat den Vorteil, dass Ihnen alle bis zum Schluss zuhören, um zu erfahren, worauf Sie hinauswollen. Hier die Fünf-Schritte-Strategie mit einigen Anregungen, wie Sie die einzelnen Schritte formulieren können.

Die Fünf-Schritte-Strategie

1. Der Einstieg (Ihr Anlass zum Sprechen):
Was ist der Anlass? Weshalb wollen Sie das Gespräch?
(Beispiele: »Ich komme, weil ...«, »Es geht um ...«, »Ich möchte mit Ihnen über ... reden.«)

2. Das Problem oder die Frage kurz ansprechen:
Was ist nicht in Ordnung? oder Wie sieht das Problem aus?
(Beispiele: »In letzter Zeit sind folgende Fragen aufgetaucht ...«, »Uns fehlt zur Zeit ...«, »Sie haben sicherlich schon bemerkt, dass ...«)

3. Fakten und Erfahrungen:
Welche Fakten und Erfahrungen sind hier wichtig?
(»Tatsache ist ...«, »Es sieht ja so aus, dass ...«, »Meines Wissens ist ...«)

4. Konsequenz, Schlussfolgerung, eigene Lösungen vorschlagen:
Was folgt daraus? Wie lautet die Konsequenz?
Was für Lösungen und Vorschläge haben Sie anzubieten?
(»Das lässt den Schluss zu, dass ...«, »Daraus ergibt sich, dass es notwendig ist ...«, »Ich denke, wir könnten das Problem lösen, indem ...«)

Sie können mithilfe dieser fünf Schritte eine lange Rede halten. Zu jedem einzelnen Schritt sagen Sie mehrere Sätze. Oder Sie nehmen pro Schritt nur einen kurzen Satz und so entsteht ein stichhaltiger Diskussionsbeitrag. Bei den ersten drei Schritten haben Sie die Möglichkeit, viel Zustimmung bei den Zuhörenden aufzubauen. Schildern Sie die Frage oder das Problem so, dass Ihnen möglichst alle zustimmen können. Menschen, die Ihnen schon ein Ja entgegengebracht haben, sind aufgeschlossener für das, was Sie anschließend sagen. Ihr Fuß steht bereits bei ihnen in der

Tür. Wenn im dritten Schritt auch noch Ihre Fakten und Erfahrungen auf Zustimmung stoßen, steigt die Wahrscheinlichkeit, dass auch Ihre Konsequenzen und Schlussfolgerungen im vierten Schritt von den Zuhörenden akzeptiert werden. Ihre Argumentation ist angekommen.

Wie alle rhetorischen Methoden und Techniken, die wir Ihnen in diesem Buch anbieten, können Sie auch die Fünf-Schritte-Strategie so abwandeln, dass sie optimal zu Ihnen und Ihrem Redestil passt.

Mit Gegenargumenten und Einwänden geschickt fertig werden

Über jedes Gegenargument können Sie sich freuen. Es zeigt, dass Ihre Worte aufgenommen und von den Zuhörenden durchdacht wurden. Wirklich traurig wäre es, wenn alles, was Sie sagen, ohne Widerspruch durchgeht, aber niemand tut, was Sie möchten. Solange Sie Gegenargumente hören, können Sie herausfinden, was bei den Zuhörenden noch fehlt. Wovon ist die andere Seite noch nicht überzeugt? Was haben Sie noch nicht richtig erklärt? An welchen Aspekt haben Sie bisher noch nicht gedacht? All das können Ihnen die Gegenargumente zeigen. Der Widerspruch vonseiten der Zuhörenden ist wie ein Wegweiser zu einer noch überzeugenderen Argumentation. Um mit Gegenargumenten fertig zu werden, brauchen Sie wiederum bestimmte »Werkzeuge«. Das sind Fähigkeiten, die es Ihnen ermöglichen, flexibel und kreativ zu reagieren.

Zuhören

Das aufmerksame Zuhören ist beim Überzeugen mindestens ebenso wichtig wie die passenden Argumente. Nehmen Sie das, was Ihr Gegenüber Ihnen entgegenhält, in sich auf, ohne es gleich abzuwerten. Wichtig ist, dass Sie zuhören können, ohne sich in aufgeregte Emotionen zu verwickeln. Versuchen Sie den anderen zu verstehen. Pirschen Sie sich an die Gegenmeinung heran. Was will Ihr Gegenüber? Hat er oder sie heimliche Befürchtungen? Entstehen ihm oder ihr Unannehmlichkeit durch das, was Sie wollen? Versuchen Sie herauszuhören, was hinter dem Einwand steckt. Und basteln Sie, während Sie schweigen, nicht schon an Ihrer Gegenrede. Legen Sie sich auf die Zuhör-Lauer.

Die richtigen Fragen stellen

Haben Sie die Gegenmeinung wirklich verstanden? Wissen Sie genau, warum Ihr Gegenüber diese Meinung vertritt? Wir neigen dazu, fehlende Informationen durch Spekulationen zu ersetzen. Statt neugierig zu sein, beginnen wir damit, dem anderen etwas zu unterstellen. Bevor Sie damit anfangen, fragen Sie lieber nach. Erkunden Sie die Gegenmeinung. Beleuchten Sie die Hintergründe: »Was gefällt Ihnen an dieser Idee nicht?«, »Gibt es Ihrer Meinung nach einen besseren Weg?«, »Was würden Sie an meiner Stelle tun?«, »Wie stellen Sie sich die ganze Sache vor?«. Fragen Sie so lange, bis Sie Ihr Gegenüber wirklich verstanden haben. Das gilt nicht für Unterbrechungen während Ihrer Rede vor einem Publikum. Wer Ihnen, während Sie reden, seine Gegenmeinung zuruft, stört Ihren Auftritt und verdient keine weitere Aufmerksamkeit. Vertagen Sie das Nachfragen auf einen späteren Zeitpunkt, vielleicht bei einem Gespräch unter vier Augen. Natürlich nur, wenn Sie das auch wollen.

Stellen Sie Fragen statt sofort zu kontern.

Wie Sie mit solchen und anderen unsachlichen Zwischenrufen und persönlichen Angriffen gelassen fertig werden, können Sie in dem Buch *Die etwas intelligentere Art, sich gegen dumme Sprüche zu wehren* von Barbara Berckhan nachlesen. Innerhalb einer Diskussion ist das Nachfragen oft eine gute Möglichkeit, die Führung zu übernehmen. Denn wer fragt, der führt. So verhindern Sie, dass es zu einem Schlagabtausch kommt, bei dem alle aneinander vorbeireden und keiner den anderen wirklich versteht. Ihre guten Argumente würden wirkungslos verpuffen. Achten Sie darauf, dass Ihre Nachfragen wirklich beantwortet werden. Fragen Sie so lange, bis Sie den Meinungsgegner wirklich verstanden haben. Tauchen dabei neue Informationen auf, von denen Sie bisher nichts wussten, lassen Sie sich nicht aus der Ruhe bringen. Falls Ihre bisherige Argumentation jetzt nicht mehr passt, bitten Sie um Bedenkzeit. Das kann eine Pause von einigen Minuten sein oder eine Woche, in der Sie Ihr Anliegen überdenken. Schlagen Sie einen Zeitpunkt vor, zu dem Sie darüber weiterreden.

Die Ja-und-Antwort

Wenn Sie die Gegenmeinung verstanden haben, dann nehmen Sie sie so positiv wie möglich auf. Lassen Sie sich nicht zu einer schnellen Gegenreaktion hinreißen. Sie könnten sich dadurch zu sehr in die Gegenargumente des anderen verstricken, und zwar ohne dass Sie diese Gegenmeinung gründlich geprüft haben. Außerdem kann Ihre schnelle Gegenreaktion bei Ihrem Gegenüber eine ebenso schnelle Kontra-Retourkutsche auslösen. Und schon sind Sie mitten in einem Schlagabtausch, wie bei einem Pingpongspiel. Das aber führt in der Regel zu gar nichts, außer zu immer aufgeregteren Wortbeiträgen und hochschlagenden Emotionen. Irgendwann geht es nur noch ums Gewinnen, niemand macht sich mehr die Mühe, richtig zuzuhören. Überzeugungsarbeit braucht aber Wohlwollen, Verstehen und das Nachvollziehen von Gedanken. Gefragt ist das echte Miteinanderreden, kein hitziges Wortgefecht. Die Ja-und-Antwort ist eine sehr gute rhetorische Technik, mit der Sie eine harte Gegenmeinung souverän

Sagen Sie zur Gegenmeinung zuerst »Ja«.

auffangen können. Sie nehmen die Widerrede zuerst einmal mit einem »Ja« in Empfang. Fügen Sie dann Ihren Standpunkt mit einem »und« hinzu. Beispielsweise so:

»Ja, das ist ein wichtiger Punkt, den Sie da anschneiden. Und ich möchte dazu Folgendes sagen: …«

»Ja! Das passt genau zu dem, was ich Ihnen gleich erläutern möchte. Und wichtig ist hierbei …«

»Ja, gut, dass Sie das hier ansprechen. Und ich möchte diesen wichtigen Punkt noch etwas zurückstellen und erst einmal darüber reden, wie …«

»Ja, vielen Dank, dass Sie das so offen ansprechen. Und ich will das einmal so erklären: …«

»Ja, sehr gut, dass Sie das hier zur Sprache bringen. Im Grunde geht es darum …«

Mit der Ja-und-Antwort reagieren Sie zunächst positiv und wohlwollend auf die Meinung eines anderen Menschen und zugleich behalten Sie die Zügel in der Hand. Nach dem »ja« kommt Ihr Argument. Benutzen Sie nach dem »ja« kein »aber«. Obwohl sich das »aber« grammatikalisch richtig anhört, ist es psychologisch unklug. Nach einem »aber« erwarten wir nämlich etwas Negatives: »Sie sind eine sehr gute Rednerin, aber …« Jetzt kommt wahrscheinlich etwas, was dem ersten Satzteil widerspricht. Ein »und« klingt neutraler. Sie koppeln einfach das wohlwollende Ja mit Ihrer Meinung. »Ja, Sie sind eine sehr gute Rednerin und …« Die Ja-und-Antwort hilft Ihnen, Distanz zu halten zu den Ansichten anderer Menschen. Damit sind Sie in der Lage, jederzeit souverän und selbstsicher zu reagieren, ohne sich aufzuregen oder den anderen vorschnell abzuwerten.

Vermeiden Sie das »aber«.
Besser ist das Wort »und«.

So behalten Sie den roten Faden in der Hand

Sie haben Ihre Rede oder Ihren Diskussionsbeitrag vorbereitet. Damit sind Sie in der überlegenen Position. Sehr häufig sind die Zuhörenden Ihren wohl durchdachten Argumenten nicht auf Anhieb gewachsen. Manchmal reagieren sie aus diesem Grund leicht ausweichend. Ihr Gegenüber kontert dann mit Gegenargumenten, die keine sind. Hier besteht die Gefahr, dass Sie sich in die unpassenden Gegenargumente Ihres Gegenübers verwickeln und Ihren Faden verlieren. Sind Sie erst einmal diesen unpassenden Gegenargumenten auf den Leim gegangen, kann es schwer für Sie werden, wieder zurück zu Ihrem Thema zu kommen. Wie leicht wir uns im Gestrüpp unpassender Gegenargumente verlieren können, zeigt das Beispiel von Veronika. Sie ist eine kaufmännische Mitarbeiterin in einem Handwerksbetrieb und möchte am Freitag eine Stunde eher nach Hause gehen. Sie hat in den vergangenen Tagen einige Überstunden gemacht, weil viele Aufträge vorlagen. Jetzt, wo das Geschäft wieder ruhiger läuft, geht sie davon aus, dass ihr Kollege, mit dem sie sich die Büroarbeit teilt, die eine Stunde am Freitag auch allein schafft. Der Chef ist einverstanden unter der Voraussetzung, seine beiden Mitarbeiter einigen sich, wer am Freitag bis zum Feierabend arbeitet. Veronika hat sich auf keine besondere Argumentation vorbereitet. Sie geht davon aus, dass Ihr Wunsch, eine Stunde früher zu gehen, von ihrem Kollegen problemlos akzeptiert wird. Aber es kommt anders. Veronika verliert bei diesem Gespräch ihren roten Faden.

Veronika sagt zu ihrem Kollegen: »Du, ich will am Freitag eine Stunde früher Feierabend machen. Ich hab durch die Überstunden meine Sachen zurückgestellt. Jetzt habe

Sie können auch mit überraschenden Gegenargumenten fertig werden.

ich wahnsinnig viel zu erledigen. Das geht doch sicherlich klar, dass ich eine Stunde früher gehe?«

Der Kollege entgegnet: »Wenn du am Freitag eine Stunde früher gehen willst, dann arbeite doch einfach schneller!«

Hoppla, damit hatte Veronika nicht gerechnet. Sie arbeitet zuverlässig und zügig. Noch nie hat ihr jemand vorgeworfen, sie wäre zu langsam.

Veronika antwortet überrascht und empört: »Wieso? Ich trödele doch nicht bei der Arbeit! Wie kommst du denn darauf? Ganz im Gegenteil – ich verzichte oft sogar auf meine Pause, wenn hier viel los ist.«

Der Kollege: »Ja, ja – aber wenn ich sehe, wie umständlich du mit dem Computer umgehst, dann wird mir ganz anders. Du könntest viel Zeit sparen, wenn du mehr mit der Kundendatenbank arbeitest. Die ist nämlich dazu da, dass du nicht alle Kundendaten neu eingeben musst, wenn du eine Rechnung schreibst.«

Veronika wird ärgerlich: »Also ich benutze doch die Datenbank! Aber oft geht es viel schneller, wenn ich bei kleinen Sachen die Anschrift einfach so eintippe.«

Der Kollege: »Weißt du, mit solchen scheinbaren Kleinigkeiten verplemperst du viel Zeit. Da kommt eins zum anderen. So entstehen Zeitfresser.«

Veronika ist jetzt sehr wütend. Sie schimpft: »Ich arbeite hier schon seit fünf Jahren und ich tue, was ich kann. Niemand hat bisher an meiner Arbeitsweise etwas auszusetzen gehabt. Du bist erst seit einem Jahr hier. Aber andauernd hast du etwas zu meckern.«

Der Kollege ist jetzt auch ärgerlich: »Das ist dieses verbohrte So-haben-wir-das-immer-gemacht. Das regt mich wahnsinnig auf. Jeder kleine Verbesserungsvorschlag von mir wird einfach abgeschmettert.«

Sie haben es sicherlich schon gemerkt. Dieses Gespräch ist ein typisches Beispiel für Verwirrungen in der Argumentation. Veronika wollte eine Stunde früher gehen. Das war ihr ursprüngliches Ziel. Und wo ist sie gelandet? Bei einer ärgerlichen Diskussion über die Kundendatenbank und Zeitfresser. Wie konnte ihr das passieren? Die Ursache dafür liegt am Anfang des Gespräches. Hier sagte Veronika klar, was sie wollte. Und dann hielt ihr Kollege mit dem Argument dagegen, Veronika könne doch schneller arbeiten, dann käme sie auch früher nach Hause. Auf dieses Gegenargument hat Veronika sich eingelassen. Statt bei ihrem Ziel zu bleiben, ist sie auf seine Meinung eingegangen. Damit hat sie sich verirrt. Und mit jedem Satz kam sie immer weiter von ihrem Weg ab.

Es gibt Gegenargumente, auf die Sie besser nicht eingehen. Alle Gegenmeinungen, die weit von dem abschweifen, was Sie wollen, führen Sie auf Abwege. Es ist im Prinzip nicht falsch, über Zeitfresser, Arbeitsweisen und die Kundendatenbank zu reden, aber alles zu seiner Zeit. Es geht in jeder Diskussion, bei jeder Verhandlung darum, bei dem gesetzten Thema zu bleiben. Und das haben Sie in der Hand. Sie können nicht verhindern, dass Ihr Gegenüber abschweift. Aber Sie können bestimmen, ob Sie sich darauf einlassen oder nicht. Die Kunst besteht darin, Abschweifungen und Nebenschauplätze rechtzeitig zu erkennen und dann möglichst elegant wieder zum eigentlichen Thema zurückzukommen.

Auf einige Gegenargumente gehen Sie besser nicht ein.

Gerade Frauen können sehr gut auf ihre Gesprächspartner eingehen, aber genau diese positive Fähigkeit wird ihnen manchmal zum Verhängnis. Es gibt Situationen, da ist es wichtig, dass wir eben *nicht* auf den anderen eingehen. Dafür brauchen wir zwei wichtige Fähigkeiten. Erstens: das eigene Ziel nicht aus den Augen verlieren. Zweitens: langsames und besonnenes Reagieren. Antworten Sie nicht wie aus der

Reagieren Sie langsam. Bleiben Sie bei Ihrem Ziel.

Pistole geschossen. Je schneller Sie antworten, desto größer ist die Gefahr, dass Sie sich auf einen Holzweg einlassen. Sie brauchen Distanz zu dem, was gerade geschieht. Reagieren Sie deshalb langsam. Nachdem Ihr Gegenüber seine Meinung gesagt hat, lautet Ihre wichtigste Überlegung: Wo führt mich das hin, wenn ich auf diese Meinung eingehe? Wenn es Sie von Ihrem Ziel ablenkt, dann nutzen Sie die Ja-und-Antwort, um bei Ihrem roten Faden zu bleiben. Das Gespräch mit dem Kollegen hätte durch Veronikas Ja-und-Antwort eine ganz andere Richtung nehmen können.

Veronika: »Du, ich will am Freitag eine Stunde früher Feierabend machen. Ich hab durch die Überstunden meine Sachen zurückgestellt. Jetzt habe ich wahnsinnig viel zu erledigen. Das geht doch sicherlich klar, dass ich eine Stunde früher gehe?«

Der Kollege entgegnet: »Wenn du am Freitag eine Stunde früher gehen willst, dann arbeite doch einfach schneller!«

Veronika überlegt eine Weile und sagt dann: »Darüber können wir ein anderes Mal reden. Ich denke, du kommst am Freitagnachmittag gut ohne mich aus. Ich geh ungefähr um zwei Uhr.«

Gehen wir einmal davon aus, dass der Kollege dennoch bei seiner Gegenargumentation bleibt und weiterhin meint, Veronika könnte doch schneller arbeiten. Auch dann kann Veronika beharrlich ihren Faden in der Hand behalten.

Der Kollege zu Veronika: »Aber beeilen könntest du dich ja trotzdem ein bisschen. Du benutzt unsere Kundendatenbank viel zu wenig, wenn du Rechnungen schreibst.«

Veronikas Antwort könnte so lauten: »Darüber werde ich mal nachdenken. Und ich leg dir alles, was am Nachmittag noch zu tun ist, auf deinen Schreibtisch. Das wird wahrscheinlich nicht viel sein.«

Um den roten Faden in der Hand zu behalten, müssen Sie Ihren Meinungsgegner nicht angreifen. Lassen Sie den anderen sagen, was er möchte, und nehmen Sie Ihr Recht in Anspruch, bei dem zu bleiben, was Sie wollen. Die Ja-und-Antwort ist eine Methode, die verhindert, dass Sie sich in einen sinnlosen Streit verstricken, bei dem alle nur Federn lassen, meistens ohne ein zufrieden stellendes Ergebnis zu erreichen. Dabei ist es vollkommen in Ordnung, sich mit anderen Menschen zu streiten, wenn Sie das wollen. Klarer ausgedrückt: Ist dieser Streit Ihr Ziel, dann lassen Sie sich darauf ein. Wenn Sie aber, wie Veronika, früher Feierabend machen wollen oder andere Pläne haben, dann sorgen Sie dafür, dass das Gespräch nicht abschweift. Selbst wenn Sie sich schon sehr auf die Gegenmeinung des anderen eingelassen haben und plötzlich merken, dass Sie schon sehr weit von Ihrem Ziel abgekommen sind, können Sie das Ruder herumreißen. Besinnen Sie sich kurz und bringen Sie mit einem Ja-und Ihr eigenes Anliegen wieder auf den Tisch. Jedes Mal, wenn Sie in einer Diskussion oder bei einem Gespräch ärgerlich werden, kann das ein Zeichen dafür sein, dass Sie sich zu sehr auf die Meinung des anderen eingelassen haben. Prüfen Sie kurz, worüber sie gerade reden und ob das noch zu Ihrem ursprünglichen Ziel passt. Wenn nicht, dann ändern Sie ohne große Rechtfertigungen die Richtung des Gespräches.

Kommen Sie gelassen zum Thema zurück.

Zum Schluss noch eine Anmerkung: Machen Sie aus Ihren Fähigkeiten, andere zu überzeugen, kein Muss, keine neue innere Vorschrift. Sie können andere überzeugen, aber Sie müssen es nicht um jeden Preis. Sie können sich auch von anderen überzeugen lassen. Neue Ideen und kreative Lösungen entstehen oft erst dann, wenn alle Beteiligten bereit sind, ihre vorgefassten Meinungen und Ansichten zu lockern oder sogar ganz loszulassen.

Schlussbemerkungen

Wir hoffen, dass es uns mit unserem Buch gelungen ist, Ihnen die Angst vor dem Reden in der Öffentlichkeit zu nehmen. Wir wünschen uns, dass Sie die Übungen, Techniken und Tipps ausprobieren und damit eigene Erfahrungen machen. Finden Sie heraus, was davon in den Redesituationen, mit denen Sie es zu tun haben, funktioniert.

Vielleicht machen Sie die Erfahrung, die viele unserer Seminarteilnehmerinnen machten, dass Sie eine einmalige und persönliche Art zu sprechen haben und dass diese Art in Ordnung ist. Und diese einmalige, persönliche Sprechweise kommt zum Vorschein, wenn Sie die Zwangsjacke der inneren Vorschriften ablegen. Sie haben dann Ihre eigene, unverwechselbare Rhetorik, die Sie für sich ausbauen und weiterentwickeln können. Dabei wünschen wir Ihnen viel Spaß. Zum Schluss möchten wir Ihnen diese Worte von Nelson Mandela mit auf den Weg geben:

»Unsere tiefgreifendste Angst ist nicht, dass wir ungenügend sind. Unsere tiefgreifendste Angst ist, über das Messbare hinaus kraftvoll zu sein. Es ist unser Licht, nicht unsere Dunkelheit, die uns am meisten Angst macht. Wir fragen uns, wer bin ich, mich brillant, großartig talentiert, fantastisch zu nennen? Aber wer bist du, dich nicht so zu nennen? Du bist ein Kind Gottes. Dich selbst klein zu halten dient nicht der Welt. Es ist nichts Erleuchtetes daran, sich so klein zu machen, dass andere um dich herum sich nicht unsicher fühlen. Wir sind alle bestimmt, zu leuchten, wie es Kinder tun. Wir sind geboren worden, um den Glanz Gottes, der in uns ist, zu manifestieren. Er ist nicht nur in einigen von uns, er ist in jedem Einzelnen. Und wenn wir unser eigenes Licht erscheinen lassen, geben wir unbewusst anderen Menschen die Erlaubnis, dasselbe zu tun. Wenn wir von unserer eigenen Angst befreit sind, befreit unsere Gegenwart automatisch andere.«

Wenn Sie sich für Seminare oder Einzelcoachings interessieren, finden Sie weitere Informationen unter:

www.profitraining-online.de

Literatur

Berckhan, Barbara: *Die etwas gelassenere Art, sich durchzusetzen. Ein Selbstbehauptungstraining für Frauen.* München 1999

Berckhan, Barbara: *Die etwas intelligentere Art, sich gegen dumme Sprüche zu wehren. Selbstverteidigung mit Worten.* München 2001 (unter dem gleichen Titel auch als Audioratgeber erhältlich)

Gendlin, Eugene: *Focusing. Technik der Selbsthilfe bei der Lösung persönlicher Probleme.* Salzburg 1981

Krause, Carola und Röder, Ulrike: *Imperativzentriertes Focusing als Methode in der Beratung. Arbeitsberichte zur Pädagogischen Psychologie.* Universität Hamburg 1990

Kriebel, Reinholde: *Sprechangst. Analyse und Behandlung einer verbalen Kommunikationsstörung.* Stuttgart 1984

Mandela, Nelson: *Focusing Journal 1/1998.* Hg. von: Deutsches Ausbildungsinstitut für Focusing und Focusing-Therapie. Würzburg 1998

Rogers, Natalie H.: *Frei reden ohne Angst und Lampenfieber.* München 1985

Trömel-Plötz, Senta (Hg.): *Gewalt durch Sprache. Die Vergewaltigung von Frauen in Gesprächen.* Frankfurt/M., 14. Auflage 1997

Wagner, Angelika C. u. a.: *Bewusstseinskonflikte im Schulalltag. Denk-Knoten bei Lehrern und Schülern erkennen und lösen.* Weinheim 1984

Wagner, Angelika C.; Berckhan, Barbara u. a.: *Abbau von Redeängsten bei Frauen. Eine empirische Untersuchung. Projektabschlussbericht.* Unveröffentlichtes Manuskript. Universität Hamburg 1987

Weiser-Cornell, Ann: *Focusing. Der Stimme des Körpers folgen. Anleitungen und Übungen zur Selbsterfahrung.* Reinbek bei Hamburg 1997

Barbara Berckhan
bei Kösel

So bin ich unverwundbar
Sechs Strategien, um
souverän mit Ärger und
Kritik umzugehen
160 Seiten. Klappenbroschur.
ISBN 3-466-30521-7
Kösel-Velag, München

**Schluss mit der
Anstrengung!**
Ein Reiseführer in die
Mühelosigkeit
160 Seiten. Klappenbroschur.
ISBN 3-466-30572-1
Kösel-Velag, München

Einfach lebendig.
PSYCHOLOGIE & LEBENSHILFE

Kösel-Verlag, München, e-mail: info@koesel.de
Besuchen Sie uns im Internet: www.koesel.de